La escuela de la obediencia

La Escuela de la Obediencia

Por ANDREW MURRAY

Traducido por Eliud A. Montoya

PALABRA PURA
palabra-pura.com

2026

La Escuela de la Obediencia

Copyright © 2026 por Eliud A. Montoya

ISBN: 978-1-951372-64-4
Hardcover/pasta dura

A reserva de algunas citas breves en libros, artículos y críticas literarias (mencionando la fuente), ninguna parte de este libro puede ser reproducida en ninguna forma por medios mecánicos o electrónicos, incluyendo almacenaje de información y sistemas de reproducción sin permiso previo por escrito del editor.

Apreciamos mucho HONRAR los derechos de autor de este documento y no retransmitir o hacer copias de este en ninguna forma (excepto para el uso estrictamente personal). Gracias por su respetuosa cooperación.

Revisión del texto: Samuel Guajardo Cruz.

Diseño del libro: Editorial Palabra Pura

RELIGIÓN/ Vida Cristiana/ Crecimiento Espiritual

TABLA DE CONTENIDO

Prefacio — IX

I. El lugar de la obediencia en las Escrituras — 1

II. La obediencia de Cristo — 11

III. El secreto de la verdadera obediencia — 21

IV. El devocional matutino — 31

V. La entrada a la vida de completa obediencia — 40

VI. La obediencia que produce fe — 50

VII. La escuela de obediencia — 58

VIII. La obediencia al último mandato — 68

Nota sobre el devocional matutino — 77

PREFACIO

Abordo aquí estos temas en relación a la obediencia con la ferviente oración de que nuestro Padre de gracia los use para traer instrucción y fortaleza a los jóvenes, y a los hombres y mujeres, de cuya obediencia y devoción depende la Iglesia y el mundo. A todos los que lean este libro envío un afectuoso saludo. ¡El Señor les bendiga abundantemente!

Sucede con frecuencia, después de una conferencia, o incluso después de escribir un libro, que uno comienza a entender la verdad del tema que ha tratado. Fue así el caso que fallé [lo confieso] en asimilar y exponer la naturaleza espiritual de un tema esencial: de la necesidad completamente indispensable, de la posibilidad real y divina, y de la inconcebible felicidad que encierra, una vida de verdadera y entera *obediencia* a nuestro Padre que está en el cielo. Permítame entonces, amado lector —solo mediante unas cuantas frases—, recoger los puntos centrales que [sobre este tema] poderosamente han llegado a mi mente, y así pedirle que empiece a tomar nota de ellos, como si *fuésemos* estudiantes de la escuela de obediencia de Cristo.

El Padre Celestial pide, y requiere, y de hecho espera, que sus hijos se sometan a Él de todo corazón y le obedezcan enteramente, día a día, todo el día. ¿Es esto posible? La respuesta es que sí. Los hijos de Dios son capaces de ello mediante las promesas del Nuevo Pacto, y los dones de su Hijo y del Espíritu. Sin embargo, esta provisión solo puede gozarse y estas promesas cumplirse, en un alma que se entrega a una vida de permanente comunión con el Dios Trino, de manera que su poder y presencia operen en él o en ella todo el día. Jesús

Entrar en esta vida demanda un voto de obediencia absoluta; es decir, demanda someter el ser entero, a fin de pensar, hablar y hacer

—a cada momento— únicamente lo que está de acuerdo con la voluntad de Dios, y de aquello que le agrade. Siendo esto así, no es suficiente tan solo un mero asentimiento; antes bien, necesitamos al Espíritu Santo, para que Él nos dé la visión de su gloria y su divino poder, pidiéndole que produzca en nosotros una sumisión inmediata e incondicional, de manera que no descansemos hasta que recibamos todo lo que Dios desea otorgarnos.

Oremos pues, que Dios, mediante la luz del Espíritu Santo, nos muestre su voluntad amorosa y todopoderosa (la que a cada uno concierne), de manera que sea imposible ser desobedientes a su visión celestial.

Andrew Murray
Wellington, 9 de agosto, 1898.

CAPÍTULO I

El lugar de la obediencia en las Escrituras

Al adentrarnos en el estudio de una palabra citada en la Biblia o de una verdad concerniente a la vida cristiana, es de gran ayuda cerciorarnos de qué lugar ocupa ésta en las Escrituras. Esto es, dónde esta palabra o verdad se encuentra, qué tan frecuentemente es citada, y qué conexiones tiene; todo a fin descubrir qué tanta importancia tiene en la totalidad de la revelación divina. Así que, en este primer capítulo prepararemos el camino para el estudio de la obediencia, encontrando aquellos pasajes que hablan de la voluntad de Dios respecto a ella.

Toma las Escrituras como un todo

Empecemos con el Paraíso. En Génesis 2:16 leemos: «Y *mandó* Jehová Dios al hombre, diciendo». Y más adelante, en el 3:11, dice: «¿Has comido del árbol que yo te *mandé* que no comieses?».

Obsérvese cómo la obediencia al mandamiento es la única virtud del Paraíso, la condición para que el hombre habitase ahí, y la única cosa que el Creador le pidió. Nada dice de la fe, o de la humildad, o del amor: la obediencia lo incluye todo. Dios, como la autoridad suprema, tiene todo el derecho para demandar del hombre obediencia como la única cosa necesaria para *decidir su destino*. En la vida del hombre, la obediencia es la única cosa necesaria.

Vayamos ahora del principio de la Biblia [del Génesis] al último de sus capítulos: «A los que dejen de hacer lo malo, Dios los bendecirá, pues les dará el derecho a comer de los frutos del árbol que da vida eterna. Ellos podrán entrar por los portones de la ciudad» (Ap. 22:14, TLA). Ese mismo pensamiento está mencionado en los capítulos 12 y 14, en donde habla de los descendientes de la mujer (12:14), los cuales «guardan los *mandamientos* de Dios, y tienen el testimonio de Jesús», y de la paciencia de los santos (14:12), los cuales «guardan los *mandamientos* de Dios y la fe de Jesús».

De principio a fin, desde el Paraíso perdido hasta el Paraíso recobrado, la ley es la misma: es solo la obediencia lo que nos da acceso al árbol de la vida y al favor de Dios.

Y si te preguntas qué fue lo que hizo que el acceso cerrado al árbol de la vida fuese reabierto, observa *lo que está en medio del camino*, lo que está entre el principio y el final: la cruz de Cristo.

Leemos en Romanos 5:19: «por la *obediencia* de uno, los muchos serán constituidos justos»; en Filipenses 2:8: «haciéndose *obediente* hasta la muerte, y muerte de cruz»; en Hebreos 5:8, 9: «aprendió la *obediencia*; y ... vino a ser autor de eterna salvación para todos los que le *obedecen*». Aquí podemos ver que la redención de Cristo, visto como un todo, trata de la restauración de la vida de obediencia, mediante la cual la creatura puede dar al Creador la gloria que le es debida, y recibir la gloria de la cual su Creador desea hacerle partícipe.

Paraíso, Calvario, Cielo, estos proclaman todos a una voz:

«Hijos de Dios, la primera y la última cosa que su Dios les pide —la cual es universal e inmutable— es simple: obediencia».

Vayamos al Antiguo Testamento

Notemos que, desde el principio de la historia del reino de Dios, la obediencia tiene un papel prominente.

1. *Noé*: tomemos a Noé, el nuevo padre de la raza humana, y encontraremos cuatro veces [en Gen. 6:22; 7:5, 9, 16] esta frase: «He hizo Noé, todo lo que Dios le mandó». Noé es el hombre que hace lo

que Dios le manda, aquel a quien Él confía su obra, aquel que Dios puede usar como instrumento de salvación del hombre.

2. *Abraham*: pensemos en Abraham, el padre de la nación elegida: «por la fe Abraham obedeció» (Heb. 11:8).

Cuando él hubo tenido cuarenta años en esta escuela de feobediencia, Dios perfeccionó su fe, y lo coronó con la plenitud de Su bendición. Nada podría graduarlo en esta escuela sino un acto de obediencia. Y entonces, cuando obedeció y ató a su hijo al altar, Dios descendió y le dijo: «De cierto te bendeciré, y multiplicaré tu descendencia como las estrellas del cielo y como la arena que está a la orilla del mar; y tu descendencia poseerá las puertas de sus enemigos. En tu simiente serán benditas todas las naciones de la tierra, por cuanto *obedeciste* a mi voz» (Gén. 22:17-18).

Y luego, Dios le dijo a Isaac (haciendo alusión a Abraham): «te bendeciré; porque a ti y a tu descendencia daré todas estas tierras, y confirmaré el juramento que hice a Abraham tu padre... por cuanto *oyó* Abraham mi voz, y *guardó* mi precepto, mis mandamientos» (Gén. 26:3, 5).

¡Oh, si tan solo pudiéramos entender lo placentero que es ante los ojos de Dios nuestra obediencia, y cuán inefable es la recompensa que Él otorga debido a ella! El camino para convertirnos en una bendición para el mundo es ser hombres y mujeres de obediencia; es decir, que seamos conocidos por Dios y por el mundo por causa de esto.

Tal como Abraham se rindió totalmente a la voluntad de Dios, Él desea que todos los que dicen seguir sus pisadas hagan lo mismo.

3. *Moisés*: en el monte Sinaí él recibió de Dios un mensaje para el pueblo: «Ahora, pues, si diereis oído a mi voz, y guardareis mi pacto, vosotros seréis mi especial tesoro sobre todos los pueblos» (Éx. 19:5).

La naturaleza misma de todas las cosas nos dice que no puede ser de otra manera. La santa voluntad de Dios es Su gloria y perfección; y solo mediante la entrada al [territorio de] Su voluntad —a través de la obediencia— es posible ser Su pueblo.

4. Tomemos como ejemplo *el santuario* en el cual Dios moraba. En los tres últimos capítulos de Éxodo podemos encontrar la siguiente expresión: «Conforme a todos los mandamientos que Dios dio a Moisés, así hizo», y entonces «la gloria de Jehová llenó el tabernáculo». Posteriormente, en Levíticos 8 y 9, en referencia a la consagración de los sacerdotes y del tabernáculo, se dice la misma expresión doce veces. Y luego de ello, «la gloria de Jehová se apareció a todo el pueblo. Y salió fuego de delante de Jehová, y consumió el holocausto» (Lev. 9:23-24). Está bastante claro que Dios mora en medio de la obediencia de su pueblo, y a los obedientes es a quienes Él otorga su favor y presencia.

5. Después de cuarenta años de vagar en el desierto, y de la terrible revelación del fruto de la desobediencia, hubo entonces un nuevo comienzo, cuando el pueblo estaba por entrar a Canaán. Si lees el libro de Deuteronomio, cuando Moisés habló en los linderos de la tierra prometida, te darás cuenta que no hay libro de la Biblia que utilice más frecuentemente la palabra *obediencia*, o que mencione tanto las bendiciones que seguramente vendrían como fruto de ella. Un versículo que resume esta idea es Deuteronomio 11:27-28: «la bendición, si oyereis los mandamientos de Jehová vuestro Dios, que yo os prescribo hoy, y la maldición, si no oyereis los mandamientos de Jehová nuestro Dios».

Sí, ¡BENDICIÓN SI OBEDECIEREIS! Esta es la nota clave de una vida llena de bendición. Canaán, tal como el Paraíso y el Cielo, pueden ser el lugar de nuestra bendición si son el lugar de la obediencia. ¡Ojalá no solo oráramos por las bendiciones, sino, mayormente, por la obediencia! Pues si ponemos toda nuestra atención en la obediencia, Dios se ocupará de las bendiciones. Que sea este nuestro único pensamiento: cómo puedo obedecer y agradar a Dios perfectamente.

6. El siguiente nuevo comienzo que tenemos aquí se produce en el nombramiento de los reyes de Israel. En la historia del rey Saúl tenemos la más solemne advertencia de cuál es la demanda de obediencia de Dios respecto a uno que él ha designado para gobernar a

su pueblo: una obediencia exacta y completa. Samuel le ordenó a Saúl que lo esperara siete días para venir y ofrecer el sacrificio (1 Sam. 10:8), y luego de eso, él le mostraría lo que habría de hacer. Pero cuando Samuel se demoró (13:8-14), Saúl ofreció él mismo el sacrificio.

Cuando Samuel vino, le dijo: «Locamente has hecho; no guardaste el *mandamiento de Jehová* tu Dios que él *te había ordenado*; pues ahora Jehová hubiera confirmado tu reino sobre Israel, para siempre. Mas ahora tu reino no será duradero».

Dios no honrará a un hombre desobediente.

Saúl tuvo una segunda oportunidad para mostrar lo que había en su corazón, y esta vez fue enviado a ejecutar el juicio de Dios en contra de Amalec. Él obedeció [parcialmente]. Reunió un ejército de doscientos mil hombres, emprendió la expedición al desierto, y destruyó a Amalec. Sin embargo, siendo que Dios le había ordenado destruir a Amalec del todo, y no perdonar la vida a nadie, él conservó la vida del rey Agag y una selección del ganado.

Entonces Dios habló a Samuel y le dijo: «Me pesa haber puesto por rey a Saúl, porque se ha vuelto de en pos de mí, y *no ha cumplido mis palabras*».

Cuando Samuel regresó, Saúl dos veces dijo que había obedecido a la voz de Dios: «Yo he *cumplido* la palabra de Jehová, he *obedecido* la voz de Jehová». Y así fue (como muchos pensarían); pero su obediencia *no* había sido completa. Dios demanda una obediencia exacta y completa. Dios había dicho: «Destrúyelos completamente, no perdones nada», y esto no fue cumplido. Él perdonó lo mejor de las ovejas para usarlas para los sacrificios ofrecidos a Dios. Pero Samuel le dijo: «Ciertamente el obedecer es mejor que los sacrificios ...por cuanto desechaste la palabra de Jehová, él también te desechó a ti».

Este es un ejemplo para aquellos que obedecen parcialmente al Señor, pero que no hacen lo que Dios les pide enteramente. Dios dice que todo pecado es desobediencia, dice: «¡Destrúyelo todo, no perdones nada!» Que Dios nos revele si en verdad estamos destruyendo todo pecado en nosotros sin perdonar nada, y si estamos caminando en perfecta armonía con su voluntad. Pues solo aquel corazón cuya obediencia es perfecta (hasta el último detalle) puede satisfacer a Dios. No nos conformemos con nada sino con esto, no sea que mientras digamos: «He obedecido», Dios nos diga: «Tú has rechazado la palabra del Señor».

7. Solo una palabra más extractada del Antiguo Testamento. Luego de Deuteronomio, Jeremías es el libro que más menciona la palabra obediencia. Y en conexión con la queja de que el pueblo había sido desobediente, Dios resume toda la relación que tuvo con sus padres en una sola palabra: «Porque no hablé yo con vuestros padres, ni nada les mandé acerca de holocaustos... más esto les mandé, diciendo: Escuchad mi voz, y seré a vosotros por Dios, y vosotros me seréis por pueblo; y andad en todo camino que os mande, para que os vaya bien» (Jer. 7:22).

Ojalá entendiéramos que todos los sacrificios ofrecidos a Dios, incluso el sacrificio de su propio Hijo, están subordinados a una cosa: restaurar sus creaturas a una obediencia plena. Pues la única puerta para que Él nos diga: Yo seré tu Dios, es esta: Obedece a mi voz.

Vayamos al Nuevo Testamento

1. Aquí de inmediato pensamos en nuestro amado Señor, y en la prominencia que Él dio a la obediencia, poniéndola como el único propósito por el cual Él vino a este mundo. Él, al entrar al mundo, dijo: «He aquí que vengo, oh Dios, para hacer tu voluntad» (Heb. 10:7), y siempre dijo a los hombres: «Porque he descendido del cielo, no para hacer mi voluntad, sino la voluntad del que me envió» (Jn. 6:38).

De todo lo que Él hizo y de todo lo que Él sufrió, incluso hasta la muerte, Él dijo: «Este mandamiento recibí de mi Padre» (Jn. 10:18). Y si vamos a sus enseñanzas, encontraremos por doquier que

Él demanda, a todo aquel que quiera ser su discípulo, la misma calidad de obediencia que Él mostró. Durante todo su ministerio, desde el inicio hasta el final, la obediencia es *la esencia misma de la salvación*.

En el Sermón del Monte, Él dice que nadie puede entrar al reino «sino el que hace la voluntad de mi Padre que está en los cielos» (Mt. 7:21), y luego, en el discurso dirigido a sus discípulos para despedirse, revela de manera maravillosa el carácter espiritual de la verdadera obediencia, la que nace del amor que Él inspira y que, además, abre el camino para recibir el amor del Padre. Pongamos en nuestro corazón estas maravillosas palabras, las de Juan 14:15, 16, 21, 23: «Si me amáis, guardad mis mandamientos. Y mi Padre enviará al Espíritu Santo. El que tiene mis mandamientos, y los guarda [los obedece] ese es el que me ama; y el que me ama, será amado por mi Padre, y yo le amaré, y me manifestaré a él. El que me ama, mi palabra guardará; y mi Padre le amará, y vendremos a él, y haremos morada con él».

No hay palabras que puedan expresar más simple y poderosamente el inconcebible y glorioso lugar que Cristo da a la obediencia, y de ella se nos dice: (1) Que solo es posible cuando un corazón le ama, y (2) que es lo que hace posible que Dios nos otorgue el Espíritu Santo, su maravilloso amor, y venga a morar con nosotros en Cristo Jesús. No conozco otro pasaje en las Escrituras que nos dé una revelación más alta de la vida espiritual, ni otro que revele la obediencia amorosa como su única condición. Oremos con fervor que el Espíritu Santo, con su luz, transforme nuestra obediencia diaria con su gloria celestial.

En el capítulo siguiente veremos cómo todo esto es confirmado. ¡Oh, qué bien conocemos la parábola de la vid! ¡Qué tan frecuente y tan fervorosamente pedimos que se nos revele cómo habitar continuamente en Cristo, cómo estudiar la Palabra, cómo tener más fe, más comunión con Dios!; sin embargo, pasamos por alto una verdad tan simple como esta: «Si guardareis mis mandamientos permaneceréis en mi amor» —dijo Cristo—, y agrega, «así como yo he guardado los mandamientos de mi Padre, y permanezco en su amor». Esto quiere decir que, tanto para Él como para nosotros, el único camino bajo el cielo para habitar en su amor es *obedecer sus mandamientos*.

Permítanme preguntar respecto a la obediencia y de cómo esta es la clave para habitar en el amor de Dios aquí en la tierra lo siguiente: ¿ya lo sabían? ¿lo han escuchado predicar? ¿lo creen y aprueban como una verdad que hayan vivido? A menos de que no haya una correspondencia entre el amor incondicional de Dios en el cielo, y nuestra obediencia amorosa incondicional en la tierra, Cristo no puede manifestarse a nosotros, Dios no puede habitar en nosotros, y no podemos habitar en su amor.

2. Hablemos ahora de los discípulos del Señor Jesús. En el libro de Hechos encontramos dos palabras pronunciadas por Pedro que nos revelan lo mucho que las enseñanzas del Señor habían penetrado en él. Cuando él dice que Dios da su Santo Espíritu a los que *lo obedecen* (Hch. 5:32), se comprueba lo que él pensaba que fue la preparación para el Pentecostés: la entrega a Cristo. En la otra palabra que dijo, «es necesario obedecer a Dios antes que a los hombres» (Hch. 5:29), vemos un aspecto humano: que para el hombre que se ha entregado a Dios, nada en la tierra puede impedir (ni desafiar incluso) obedecer al Señor (aún si por esto fuese necesario morir).

3. En la epístola de Pablo a los romanos, tenemos, en los versículos de apertura esta expresión: «Para la obediencia a la fe en todas las naciones» (1:5; 16:26), y esto como aquello para lo que fue constituido apóstol: «para la obediencia de los gentiles» (15:18). Él enseña que, así como la obediencia de Cristo nos hizo justos, nosotros venimos a ser *esclavos para obedecerle*, a fin de alcanzar justicia (6:16). Tal como la desobediencia de Adán (y de nosotros) fue aquello que causó la muerte, así también la obediencia de Cristo (y de nosotros), en la única cosa —dice el Evangelio— que nos conduce a la restauración de un estatus favorable ante Dios.

4. Todos sabemos cómo Santiago nos advierte que no seamos oidores de la Palabra sino hacedores, y expone cómo Abraham fue justificado, y su fe perfeccionada, por sus obras.

5. El lugar que Pedro da a la obediencia se puede notar —[una vez más]— al dar un vistazo al primer capítulo de su primera carta universal. En el verso 2, él habla de los «elegidos ...en santificación del Espíritu, para obedecer y ser rociados con la sangre de Jesucristo», y de esta manera señala la obediencia como el propósito eterno del Padre, el gran objetivo del trabajo del Espíritu Santo, y la parte principal de la salvación de Cristo. En los versículos 14 y 15, él escribe: «Como hijos obedientes» (nacidos de ella, marcados por ella, y sujetos a ella) «sed también vosotros santos en toda vuestra manera de vivir». La obediencia es *el punto de inicio de la verdadera santidad*.

En el versículo 22 leemos: «Habiendo purificado vuestras almas por la *obediencia* a la verdad». Esto significa que la aceptación de la verdad de Dios no fue meramente un asentimiento intelectual o una emoción fuerte, sino la sujeción de nuestra vida al dominio de la verdad de Dios; esto es, la vida cristiana tuvo su inicio en la obediencia.

6. De Juan sabemos lo poderoso de su declaración: «El que dice: Yo le conozco, y no guarda *sus mandamientos*, el tal es mentiroso, y la verdad no está en él» (1 Jn. 2:4). La obediencia es *lo único que certifica el carácter cristiano*.

«*Amémonos de hecho y en verdad*, y aseguraremos nuestros corazones delante de él. Y cualesquiera cosa que pidiéremos la recibiremos de él, porque *guardamos sus mandamientos*, y hacemos las cosas que son agradables delante de él» (1 Jn. 3:18-22). La obediencia es el secreto de la buena conciencia, y de la confianza de que Dios nos escucha. «Este es el amor de Dios, que *guardemos sus mandamientos*» (1 Jn. 5:13). La obediencia (*guardar sus mandamientos*) es la vestidura en la cual el amor escondido e invisible se revela y se da a conocer.

Este es el lugar que tiene la obediencia en las Sagradas Escrituras, en la mente de Dios, y en el corazón de sus siervos. De ahí deberíamos preguntarnos: ¿Tiene este mismo lugar en mi corazón y en mi vida? ¿Le hemos dado a la obediencia el mismo supremo lugar de autoridad sobre nosotros que Dios le ha conferido, siendo aquello que nos inspire a actuar, y a acercarnos a Él? Si nos sometemos al escrutinio del Espíritu de Dios, nos daremos cuenta de que no hemos dado a la obediencia la importancia que se merece en nuestra vida, y que esto ha ocasionado nuestro fracaso en la oración y en el trabajo. También, podemos ver que las más profundas bendiciones otorgadas por la gracia de Dios, y el completo goce del amor de Dios y de su cercanía han estado fuera de nuestro alcance simplemente porque nuestra obediencia nunca ha sido lo que Dios quiere que sea: el punto de partida y la meta de nuestra vida cristiana.

Permitamos que este primer estudio que hemos hecho despierte en nosotros un deseo ferviente por conocer enteramente la voluntad de Dios concerniente a esta verdad. Oremos juntos que el Espíritu Santo nos muestre lo deficiente que es la vida cristiana cuando la obediencia no es la que lo gobierna todo; que tal vida puede ser transformada por una totalmente sometida a la obediencia; y que podemos estar seguros de que Dios, en Cristo, nos dará la capacidad para vivirla a plenitud.

CAPÍTULO II
La Obediencia de Cristo

«Por la obediencia de uno, los muchos serán constituidos justos... ¿No sabéis que sois de la obediencia para justicia?» —Rom. 5:16; 6:16.

«*Por la obediencia de uno, los muchos serán constituidos justos*». Estas palabras nos hablan de aquello que debemos a Cristo. Mientras que en Adán fuimos constituidos pecadores, en Cristo fuimos constituidos justos. Todo lo debemos a la obediencia de Cristo.

Entre los tesoros de nuestra herencia en Cristo este es uno de los más ricos. ¡Cuántos de nosotros nunca hemos estudiado esto, ni nos hemos deleitado con ello, ni hemos tomado toda la bendición que envuelve! Pido a Dios que Él, mediante su Espíritu Santo, nos revele la gloria de esta herencia, y nos haga partícipes de su poder.

Estamos familiarizados con la bendita verdad de la justificación por la fe. En la sección de la epístola de Romanos que precede a nuestro pasaje (3:21-5:11) Pablo enseñó lo que siempre será nuestro fundamento bendito: la expiación de la sangre de Cristo; lo que es su camino y condición: la fe en la gracia gratuita de Dios quien justifica al impío; y cuáles son sus benditos frutos: el otorgamiento de la justicia de Cristo, con un acceso inmediato al favor de Dios, y a la esperanza de gloria. En nuestro pasaje ahora Pablo procede a revelar la profunda verdad de la unión con Cristo mediante la fe (en la cual la justificación tiene su raíz), y qué es lo que hace posible y correcto delante de Dios que Él nos acepte por su causa. Pablo regresa a Adán y a nuestra unión con él, con todas las consecuencias derivadas de tal unión, para probar cuán razonable y cuán perfectamente natural (en el más alto sentido de la palabra) es que aquellos que reciben a Cristo —y por la fe se unan a Él—, se conviertan en partícipes de su justicia y de su vida. Es precisamente a través de este argumento que él enfatiza el contraste entre la desobediencia de Adán (la cual causó la condenación y la muerte) y la obediencia de Cristo (que tuvo como fruto la justicia y la vida). A medida que estudiemos el papel que tiene la obediencia de Cristo en su obra para lograr nuestra salvación, y que veamos en ella la raíz misma de nuestra redención, es que sabremos qué lugar otorgarle en nuestro corazón y en nuestra vida.

«Por la obediencia de un hombre los muchos fueron constituidos pecadores». ¿Cómo fue esto? Existe una conexión doble entre Adán y sus descendientes: la *judicial* y *la vital*.

La conexión judicial y conexión vital

Mediante la judicial, toda la raza humana, incluso los aún no nacidos, todos a una quedan bajo sentencia de muerte. «La muerte reinó desde Adán hasta Moisés, incluso en los que no pecaron a la manera de la transgresión de Adán» (por ejemplo, el caso de los niños pequeños).

Esta relación judicial tuvo su raíz en la conexión vital. La sentencia no podría tener lugar sobre ellos si no fuesen descendencia de Adán. Y la conexión vital una vez más se convierte en la manifestación de la judicial; cada hijo de Adán tiene vida, pero bajo el poder del pecado y de la muerte. «Por la desobediencia de uno, los muchos fueron constituidos pecadores», así que, el hombre vino a estar sujeto al poder del pecado tanto por su posición como por su naturaleza, y por tanto, en maldición.

«Adán es figura del que había de venir», quien es llamado el Segundo Adán, el Segundo Padre de la raza humana. La desobediencia de Adán y sus efectos tiene una similitud exacta de aquello en lo que la obediencia de Cristo nos ha convertido. Cuando un pecador cree en Cristo, el tal se une a Él, y de inmediato —por sentencia judicial—, es declarado y aceptado como justo ante los ojos de Dios. La relación judicial tiene su raíz en la relación vital. Él tiene la justicia de Cristo solo al tener a Cristo mismo, y estar en Él. Y antes de conocer nada de lo que significa estar en Cristo, el tal es exonerado y aceptado. Pero luego, él es dirigido al conocimiento de la conexión vital, y a entender que, así como fue —tan real y completa— su participación en la desobediencia de Adán (con la muerte y la naturaleza pecaminosa que desencadenó), así es su participación en la obediencia de Cristo (con la vida de justicia y obediencia que por naturaleza es derivada de ella).

Tratemos de entender esto mejor:

Mediante la desobediencia de Adán fuimos constituidos pecadores. La única cosa que Dios pidió a Adán en el paraíso fue obediencia. La única cosa mediante la cual una creatura puede glorificar a Dios, o gozar de su favor y bendición, es la obediencia. La única causa por la cual el pecado se ha hecho poderoso en el mundo es la desobediencia. Toda la maldición del pecado —la cual pesa sobre nosotros— se debe a la desobediencia que se nos imputa. Todo el poder del pecado que opera en nosotros no es otra cosa que esta: recibimos la naturaleza de Adán, heredamos su desobediencia, y nacimos como «hijos de desobediencia».

La obra de Cristo era indispensable

Era evidente que la obra de Cristo era indispensable para eliminar esta desobediencia: su maldición, su dominio, su naturaleza maligna y sus operaciones. La desobediencia era la raíz de todo pecado y miseria. Por tanto, el primer objetivo de la salvación de Cristo fue extirpar la raíz de la maldad y restaurar el destino original del hombre, esto es, a una vida en obediencia a su Dios.

¿Cómo Cristo hizo esto? En primer lugar, convirtiéndose en el Segundo Adán, para deshacer lo que el primero había hecho. El pecado nos había hecho creer que era una humillación buscar siempre la voluntad de Dios y hacerla. Pero, Cristo vino para mostrarnos la nobleza, la dicha y la excelencia de la obediencia. Cuando Dios nos dio la investidura de «un ser viviente» no conocíamos que su belleza y su naturaleza inmaculada era la obediencia a Dios. Cristo vino y vistió esa vestidura, a fin de mostrarnos cómo vestirla nosotros también, y cómo mediante esta nosotros podríamos entrar a la presencia y gloria de Dios. Cristo vino para vencer, despojarnos de nuestra [vestidura de] desobediencia, y vestirnos con su propia obediencia (sobre nosotros y en nosotros). La desobediencia de Adán era universal, poderosa e imperante; sin embargo, tanto más sería el poder de la obediencia de Cristo.

El objetivo de la obediencia de Cristo es de triple propósito: (1) Como un ejemplo, para mostrarnos lo que verdaderamente significa ser obedientes; (2) Como nuestro Fiador, para, mediante la obediencia, cumplir toda justicia por nosotros; y (3) Como nuestra Cabeza, para preparar una naturaleza nueva y obediente que impartirnos.

Así, Él murió también, para mostrarnos que su obediencia significa disposición para obedecer hasta el extremo, y estar dispuesto a morir por Dios; esto significa soportar y expiar —a manera de vicario— la culpa de la desobediencia; que la muerte al pecado significa la entrada a la vida de Dios, para Él y para nosotros.

La desobediencia de Adán, con todas sus posibles implicaciones, debía ser eliminada y sustituida por la obediencia de Cristo. Judicialmente, mediante tal obediencia, fuimos hechos justos. Tal y como fuimos hechos pecadores por la desobediencia de Adán, somos justificados y liberados completa e inmediatamente del poder del pecado y de la muerte: podemos estar de pie ante Dios como hombres y mujeres justos. Vitalmente —pues tanto lo judicial como lo vital son inseparables (como en el caso de Adán)— fuimos hechos uno con Cristo (que es la vid) en su muerte y resurrección, de manera que estamos verdaderamente muertos al pecado y vivos para Dios, tal como Él. Y la vida que recibimos de Él no es otra que una vida de obediencia.

Cada uno de nosotros, los que quieren saber lo que realmente es la obediencia, consideremos esto: la obediencia de Cristo es el secreto de la justicia y de la salvación que encontramos en Él. La obediencia es la esencia misma de esa justicia: la obediencia es salvación. Su obediencia —y debo aceptar esto, confiar en ello y en tal cosa regocijarme— es lo que cubre, absorbe y pone fin a mi desobediencia, es el único fundamento inmutable e inquebrantable de admisión. Y entonces, Su obediencia —tal y como la desobediencia fue el poder que gobernó mi vida, y el poder de la muerte en mí— tal obediencia se convierte en el poder de vida de mi nueva naturaleza. Entonces puedo entender por qué Pablo en este pasaje relaciona tan íntimamente la justicia y la vida. «Porque si por la transgresión de aquel uno murieron muchos, mucho más *reinarán en vida por uno solo*, Jesucristo, los que reciben la abundancia de la gracia y del don de la justicia», incluso aquí en la tierra. «El don vino a todos los hombres para *justificación de vida*».

Entre más cuidadosamente establezcamos el paralelo entre el primero y el Segundo Adán, y veamos cómo en el primero la muerte y la desobediencia reinaba tanto en su descendencia como en él mismo, y como fueron ambas cosas de igual manera transmitidas mediante su unión con él, más nos convencemos de que la obediencia de Cristo debe ser igualmente nuestra, no por imputación, sino por posesión personal. Así que, lo que recibimos de Él es inseparable: su vida y su obediencia. Cuando recibimos la justicia que Dios nos ofrece tan gratuitamente, al mismo tiempo nos remite de inmediato a la obediencia que la produjo; ambas cosas son una, y son inseparables, y en tales cosas podemos vivir y florecer.

Veamos como esta conexión es sacada a colación en el siguiente capítulo de Romanos. Después de hablarnos de nuestra vida (nuestra unión con Cristo), Pablo, por primera vez en su epístola (6:12), nos ordena con autoridad: «No reine, pues, el pecado... sino presentaos vosotros mismos ante Dios»; y entonces inmediatamente procede a enseñarnos que lo que está diciendo no es otra cosa que la obediencia: *¿No sabéis que soy siervos del pecado para muerte o de la obediencia para justicia?* Nuestra relación con la obediencia es práctica; fuimos liberados de la desobediencia (la de Adán y la nuestra); pero ahora nos hemos convertido en siervos de la obediencia, y esto *tiene como fin la justicia*. La obediencia de Cristo fue para [obtener] *la justicia*, y la justicia es el regalo de Dios para nosotros. Nuestra sujeción a la obediencia es el único camino en donde nuestra relación con Dios y con la justicia puede ser preservada. La obediencia de Cristo para justicia es el único camino posible de salvación para nosotros; y nuestra obediencia para justicia su única continuidad. Solo existe una ley para la cabeza y los miembros; y tan segura es en Adán y sus descendientes la desobediencia y la muerte, como lo es para Cristo y sus descendientes la obediencia y la vida. El único vínculo de unión y la única marca de semejanza entre Adán y su descendencia fue la desobediencia; así también, el único vínculo de unión entre Cristo y su descendencia, su única marca de similitud, es la obediencia.

La obediencia de Cristo hizo que Él fuese el objeto del amor del Padre (Jn. 10:17, 18) y se convirtiese en nuestro Redentor; así también es SOLO LA OBEDIENCIA la que nos hace *habitar* en ese amor (Jn. 14.21, 23) y gozar de esa redención.

«Por la obediencia de uno, los muchos serán constituidos justos» Todo depende de nuestro conocimiento y participación en la obediencia, haciendo de ella nuestra puerta de entrada y camino hacia el pleno goce de la justicia. En la conversión la justicia es dada por la fe, de una vez por todas, totalmente y para siempre, teniendo poco o nulo conocimiento de la obediencia; sin embargo, a medida que la justicia es debidamente creída y llegamos a someternos a ella, y buscamos su dominio pleno en nosotros, siendo así «siervos de justicia», esta revelará su naturaleza bienaventurada: que es nacida de la obediencia. Así, la justicia nos llevará de nuevo a su origen divino. Entre más nos aferremos a la justicia de Cristo en verdad, en el poder del Espíritu Santo, más intenso será nuestro deseo de ser parte de la obediencia que la produjo. Partiendo de esta perspectiva, estudiemos ahora lo siguiente:

Estudio de la obediencia de Cristo

Imitando a Cristo, debemos vivir como siervos de la obediencia para justicia.

1. *En Cristo esta obediencia tuvo un principio de vida.* Obedecer con Él no significa un solo acto de obediencia de vez en cuando, ni una serie de actos de obediencia, sino el espíritu de su vida entera. «He descendido del cielo, no para hacer mi voluntad» (Jn. 6:38). «He aquí que vengo, oh Dios, para hacer tu voluntad» (Heb. 10:7). Él vino a este mundo con un solo propósito: vivir solamente para llevar a cabo la voluntad de Dios. El único poder supremo, y aquello que controlaba todo en su vida fue la obediencia.

Él está dispuesto a hacer lo mismo en nosotros, y fue lo que prometió cuando dijo: «Todo aquel que hace la voluntad de Dios, ese es mi hermano, y mi hermana, y mi madre» (Mc. 3:35). El vínculo en una familia es una vida en común compartida por todos: los miembros de la familia se parecen. El vínculo entre Cristo y nosotros es que tanto Él como nosotros hacemos la voluntad de Dios.

2. *En Cristo esta obediencia era un gozo.* «Dios mío, cumplir tu voluntad es mi más grande alegría» (Sal. 40:8, TLA). «Mi comida es obedecer a Dios, y completar el trabajo que él me envió a hacer» (Jn. 4:34)

La comida es lo que nos da refrigerio y vigor. El hombre saludable come su pan con regocijo. Pero la comida es más que solo un gozo, es algo necesario para la vida. Así, hacer la voluntad de Dios fue la comida que Cristo anhelaba y sin la cual Él no podía vivir; esto era lo único que satisfacía su hambre, que lo refrescaba, fortalecía y hacía feliz. Esto fue lo que quiso decir David cuando escribió sobre las palabras de Dios: «Y dulces más que miel, y que la que destila del panal» (Sal. 19:10). Por tanto, en la medida que esto sea entendido y aceptado, la obediencia se convertirá en algo más natural y necesario en nosotros, y más refrescante que nuestro pan diario.

3. *En Cristo, esta obediencia lo guio a esperar en la voluntad de Dios.* Dios no reveló la totalidad de su voluntad a Cristo al mismo tiempo, sino fue día a día, de acuerdo a las circunstancias del momento. En su vida de obediencia, hubo crecimiento y progreso, y las lecciones más difíciles se presentaron al final. Cada acto de obediencia al Padre era la preparación para el siguiente. Él dijo: «Has abierto mis oídos; El hacer tu voluntad, Dios mío, me ha agradado» (Sal. 40:5-8)

Es como si obedecer a Dios se convirtiera en la pasión de nuestra vida, tanto que nuestros oídos fuesen abiertos por el Espíritu de Dios para escuchar su instrucción, de manera que no estemos contentos con nada sino con recibir la dirección divina necesaria para hacer su voluntad.

4. *En Cristo, esta obediencia fue hasta la muerte.* Cuando dijo: «He descendido del cielo, no para hacer mi voluntad, sino la voluntad del que me envió», Él estaba dispuesto para hacer todo a fin de negarse a sí mismo y hacer la voluntad del Padre. Con esto Él estaba diciendo: «Haré a toda costa la voluntad del Padre».

Esta es la clase de obediencia a la cual Él nos invita y para la cual Él nos empodera.

La genuina obediencia es esto: un sometimiento incondicional para obedecer en todo; este es el único poder que nos hará prevalecer. ¡Ojalá los cristianos pudieran entender que esto y solo esto es lo que trae felicidad al alma y fortaleza!

Mientras exista duda respecto a la obediencia universal, y con ello una sensación oculta de la posibilidad de fracaso, perdemos la confianza que asegura la victoria. Pero una vez que colocamos a Dios delante, rogándole que nos permita obedecerle a plenitud, y nos dedicamos al trabajo, y no nos atrevemos a ofrecerle nada menos que eso, nos estamos entregando a la operación del Espíritu Santo, quien es poderoso para dominar nuestra vida por completo.

5. *En Cristo, esta obediencia fue resultado de la más profunda humildad.* «Haya en vosotros este sentir que hubo también en Cristo Jesús, que se despojó de sí mismo, tomando la forma de siervo, se humilló a sí mismo, haciéndose obediente hasta la muerte» (Fil. 2:5-8).

En el hombre que se despoja de sí mismo por completo, que está dispuesto a ser y a vivir como un siervo —un siervo de la obediencia—, quien está dispuesto a humillarse hasta el polvo delante de Dios y de los hombres, en este, la obediencia de Jesús revelará su belleza celestial y su poderoso dominio.

Si pensamos en alguien con voluntad férrea, quien secretamente confía en sí mismo, este se esfuerza por obedecer, pero fracasa. No obstante, es cuando nos humillamos delante de Dios, que somos mansos, pacientes, y nos resignamos por completo a su voluntad, y que, inclinados reconocemos nuestra impotencia y dependencia de Él, y volvemos la espalda a nosotros mismos, solo así es que nos será revelado que el único deber y la más grande bendición que tiene una creatura es obedecer a su glorioso Dios.

6. *En Cristo esta obediencia fue un asunto de fe, de entera dependencia del poder de Dios.* «No puede el Hijo hacer nada por sí mismo» (Jn. 5:19). «El Padre que mora en mí, él hace las obras» (Jn 14:10).

La entrega sin reservas del Hijo a la voluntad del Padre fue correspondida con el otorgamiento de un incesante e inmerecido poder —de parte del Padre—, el cual operaba en Cristo.

Lo mismo será con nosotros. Si aprendemos que en la medida en que cedemos nuestra voluntad a Dios Él nos otorgará su poder, podremos ver que la obediencia completa no es otra cosa que poseer una fe plena que Él lo hará todo en nosotros.

Las promesas de Dios respecto al Nuevo Pacto tienen en esto su fundamento: «Dios hará que se olviden de hacer el mal. Entonces ustedes y sus descendientes lo amarán y lo obedecerán con toda su mente y con todo su ser, y no por obligación» (Dt. 30:6, TLA).

«Pondré mi Espíritu en ustedes, y así haré que obedezcan todos mis mandamientos» (Ez. 36:27, TLA).

Creamos entonces, como el Hijo, que Dios trabaja todo en nosotros, y así tendremos el coraje para rendirnos a una obediencia sin reservas, una obediencia hasta la muerte.

Esta rendición a la voluntad de Dios nos permitirá entrar en la bendita experiencia de ser como el Hijo de Dios, quien, mediante el poder del Padre, hizo Su voluntad. Por tanto, entreguémonos por completo a Dios, y Él obrará por completo en nosotros.

¿No sabéis que vosotros, hechos justos por la obediencia de uno, sois como Él, y en Él, servidores de la obediencia para justicia? Es en la obediencia de Uno que la obediencia de muchos tiene su raíz, su vida y su seguridad. Ahora, y como nunca antes, miremos fijamente a Cristo, contemplémoslo y estudiémoslo como *el Obediente*. Que sea este el Cristo que recibamos, amemos, e imitemos. Y puesto que su justicia es nuestra única esperanza, sea entonces Su obediencia nuestro único deseo. Que nuestra fe en Él demuestre su sinceridad y su confianza en el poder sobrenatural de Dios, el cual opera cuando aceptamos a Cristo, el Obediente, y sea así nuestra vida como una en donde habita Cristo en verdad.

CAPÍTULO III

El Secreto de la Verdadera Obediencia

«Y aprendió la obediencia» —Heb. 5:8.

El secreto de la verdadera obediencia —déjenme decirles de una vez qué es lo que yo creo que es—, es la nítida y personal relación con Dios. Todos nuestros intentos de tener una obediencia completa fallarán hasta que tengamos acceso a su comunión permanente. La santa presencia de Dios, habitando conscientemente con nosotros, es la que nos aleja de la desobediencia a Él.

Una obediencia defectuosa es siempre el resultado de una vida defectuosa. Los argumentos que nos despiertan y motivan tienen su lugar; sin embargo, estos argumentos solo serán de bendición cuando sintamos la necesidad de una vida diferente, una vida totalmente rendida al poder de Dios, pues de esta manera la obediencia vendrá como un resultado natural. La vida defectuosa, aquella con una comunión con Dios inconsistente e irregular debe ser sanada, así se pavimentará el camino para una vida saludable y plena en donde la obediencia será posible. El secreto de *una vida de verdadera obediencia es el regreso a una vida de comunión cercana y continua con Dios.*

«Y aprendió la obediencia» (Heb. 5:8). ¿Por qué esto era necesario? ¿Y cuál es la bendición que esto nos trae? Escuchen, «Por medio del sufrimiento aprendió lo que significa obedecer a Dios, [y] se convirtió en el salvador de da vida eterna a todos los que lo obedecen» (Heb 5:8-9, TLA).

El sufrimiento es algo antinatural para nosotros, por lo tanto, nos remite a una rendición de la voluntad. Cristo necesitó el sufrimiento de manera que Él pudiera aprender a obedecer y rendir su voluntad al Padre a cualquier costo. Él necesitó aprender la obediencia para qué, siendo nuestro Sumo Sacerdote, pudiese ser perfeccionado. Él aprendió la obediencia, y se hizo obediente hasta la muerte, de manera que pudiese ser el autor de nuestra salvación. Él se convirtió en el autor de nuestra salvación *mediante la obediencia*, de manera que Él pudiese salvar a todos los que *lo obedecen*.

Como era para Jesús absolutamente necesario adquirir obediencia, así esta es absolutamente necesaria para que nosotros heredemos salvación. La esencia misma de la salvación es esta: la obediencia a Dios. Cristo fue obediente, y Él salva a los que le son obedientes. Ya sea en su sufrimiento en la tierra, o en su glorificación en el cielo, ya sea en Él mismo o en nosotros, la obediencia es la esencia del corazón de Cristo.

En la tierra, Cristo fue un estudiante en la escuela de la obediencia; en el cielo, Él la enseña a sus discípulos aquí en la tierra. En un mundo en donde la desobediencia reina hasta la muerte, la restauración de la obediencia está en las manos de Cristo. Como en su propia vida —y así en la de nosotros—, Él se empeña en mantenerla: Él nos la enseña y hace que esta opere en nosotros.

Pensemos en esto, en qué y cómo Él nos enseña a obedecer; que quizá de esta manera veamos lo poco que nos hemos dado a aprender en esta escuela, una escuela en donde solo se enseña esto. Cuando pensamos en una escuela ordinaria, pensamos en: (1) el maestro, (2) los libros de texto, y (3) los estudiantes. Veamos entonces cada uno de estos elementos presentes en la escuela de la obediencia de Cristo.

El maestro

«Él aprendió la obediencia», y ahora es lo que nos enseña. Él, en primer lugar, obedeció al Padre, y su enseñanza se basa principalmente en esta práctica, este es el secreto de su enseñanza.

He dicho ya que la verdadera obediencia solo se encuentra en una nítida y personal comunión con Dios. Esto fue así con el Señor Jesús. Dentro de todas sus enseñanzas Él dijo: «Porque yo no he hablado por mi propia cuenta; el Padre que me envió, él me dio mandamiento de lo que he de decir, y de lo que he de hablar. Y sé que su mandamiento es vida eterna. Así pues, lo que yo hablo, lo hablo como el Padre me lo ha dicho» (Jn. 12:49-50).

Esto no significa que Cristo recibió el mandamiento de Dios en la eternidad, como parte de la comisión del Padre cuando entró al mundo. No. Antes bien, día a día, a cada momento mientras Él trabajaba y enseñaba, vivió como un hombre en continua comunión con el Padre, y recibía sus instrucciones como las iba necesitando.

¿Acaso Él no dijo: «No puede el Hijo hacer nada por sí mismo, sino *lo que ve* hacer al Padre; Porque el Padre ama al Hijo, y *le muestra* todas las cosas que *él hace*; y mayores obras que estas *le mostrará*» (Jn. 5:19-20), «Según *oigo*, así juzgo» (Jn. 5:30), «Porque no soy yo solo, sino yo y el que me envió, el Padre» (Jn. 8:16), «Las palabras que yo os hablo, no las hablo por mi propia cuenta, sino que el Padre que mora en mí, él hace las obras» (Jn. 14:10)? Por donde quiera se denota en Cristo una dependencia de la comunión y operación perennes de Dios, un oír y un ver lo que Dios habla, hace y muestra.

El Señor siempre nos habló de su relación con el Padre como el tipo y la promesa de nuestra relación con Él, y de la relación con el Padre a través de Él. *Con nosotros —así como con Él—, una vida de obediencia continua es imposible sin una comunión y enseñanza continuas.* Es solo cuando Dios viene a nuestras vidas en un grado y en un poder que muchos consideran imposible (cuando su presencia como Dios Eterno y Siempre presente es creída y aceptada, así como fue creída y aceptada por el Hijo) que puede haber alguna esperanza de una vida en la cual cada pensamiento es traído cautivo a la obediencia a Cristo.

Lo que se implica en los versículos que acabo de citar es una necesidad imperativa de recibir continuamente las órdenes e instrucciones de Dios mismo:

«OBEDÉZCANME, Y YO SERÉ SU DIOS» (Jer. 7:23, NTV).

La expresión «obedecer los mandamientos» rara vez es usada en las Escrituras; antes se usa «obedecer*me*» o «obedecer u oír atentamente a *mi voz*». Como en el caso del comandante de un ejército, el maestro de una escuela y el padre de una familia, no es la mera obediencia al código de leyes (por más claro y bueno que este sea, con sus recompensas y amenazas) lo que asegura la verdadera obediencia, sino es LA INFLUENCIA VIVA Y PERSONAL.

La influencia viva y personal es lo que despierta el amor y el entusiasmo. Es el gozo de escuchar constantemente la voz del Padre lo que dará el gozo y la fuerza para alcanzar una verdadera obediencia. Es la voz lo que da el poder para obedecer la palabra; la palabra sin la voz viva es en vano.

Esto es ilustrado claramente por el contraste que vemos en Israel. El pueblo había escuchado la voz de Dios en el Sinaí, y tuvieron miedo. Ellos le pidieron a Moisés que Dios no les hablara más a ellos. Querían que Moisés recibiera la palabra de Dios y *la trajera* a ellos. Ellos solo pensaron en los mandamientos, sin entender que *el único poder* para obedecerlos es la presencia de Dios y Su voz hablándoles. Por tanto, con solo Moisés hablándoles, y las tablas de piedra, su historia es la historia de la desobediencia, y todo porque tuvieron miedo de tener contacto directo con Dios.

Esto continúa sucediendo. Muchos, pero muchos cristianos, encuentran mucho más fácil tomar las enseñanzas de hombres piadosos antes que esperar a Dios para recibirlas de Él mismo. Su fe está puesta en la sabiduría de los hombres, pero no en el poder de Dios.

Aprendamos la gran lección del Señor —«y aprendió la obediencia»— cada momento, esperando para ver y escuchar lo que el Padre tiene para enseñarnos. Pues es solo cuando, como Él, con Él, en Él y a través de Él, que constantemente caminamos con Dios y escuchamos su voz, que es posible incluso intentar ofrecer a Dios la obediencia que Él pide y promete poner por obra.

Desde lo más profundo de su propia vida y experiencia, Cristo puede darnos y enseñarnos esto. Oremos fervorosamente que Dios nos muestre lo absurdo que es intentar obedecer sin la misma fortaleza que Cristo necesitó, y nos haga estar dispuestos a renunciar a todo para obtener el gozo cristiano de la presencia del Padre todo el día.

El libro de texto

Cristo no rindió comunicación directa con el Padre con independencia de las Sagradas Escrituras. En la escuela divina de la obediencia, existe solo un libro de texto, ya sea si el estudiante es el hermano más anciano o el niño más joven. En su aprendizaje de la obediencia Él usó el mismo libro de texto que nosotros. No solo cuando Él tenía que enseñar o convencer a otros Él apeló a la Palabra, Él la necesitó y la usó para su propia vida espiritual y dirección. Desde el comienzo de su vida pública hasta el final Él vivió la Palabra de Dios. El «escrito está» fue la espada del Espíritu con la cual Él venció a satanás. «El Espíritu del Señor está sobre mí»: y consciente de esto, esta fue la palabra de las Escrituras con la cual empezó la predicación del Evangelio. «Para que las Escrituras fuesen complidas» fue la luz bajo la cual Él aceptó todo sufrimiento, e incluso se entregó a la muerte. Después de su resurrección, Él expuso a sus discípulos «lo que las Escrituras decían *acerca de Él mismo*» (Lc. 24:27, NTV).

En las Escrituras Él halló el plan de Dios y el sendero por el cual Él estaba marcado. Entonces se dio a sí mismo para cumplirlas. Y fue *en y con* el uso de la Palabra de Dios que recibió la enseñanza directa y continua del Padre.

En la escuela de obediencia de Dios la Biblia es el único libro de texto. Esto nos muestra la disposición con la que debemos acceder a la Biblia: con el simple deseo de encontrar lo que está escrito respecto a la voluntad de Dios, y hacerla.

Las Escrituras no fueron escritas para incrementar nuestro conocimiento, sino para guiar nuestra conducta; «a fin de que el hombre de Dios sea perfecto, enteramente preparado para toda buena obra» (2 Ti. 3:17), «El que quiera hacer la voluntad de Dios, conocerá...» (Jn. 7:17). Aprendamos de Cristo, quien se auxilió de las Escrituras para considerar la revelación de Dios, su amor y su consejo, teniendo un fin en mente: Que el hombre de Dios sea apto para hacer la voluntad del Señor —tal como se hace en el cielo—, y que el tal, sea restaurado a una obediencia perfecta, conforme al corazón de Dios, y que esto constituya su única bendición.

En la escuela de obediencia de Dios, la Palabra de Dios es el único libro de texto. Para aplicar esta Palabra a su propia vida y conducta, y para saber cómo cada porción debía ser tomada y practicada, Cristo necesitó (y recibió) una enseñanza divina. Es de esto que habla Isaías: «Me despierta todas las mañanas, para que reciba sus enseñanzas como todo buen discípulo. Dios me enseñó a obedecer» (Is. 50:4-5, TLA).

Asimismo, Aquel que aprendió la obediencia nos enseña a hacer lo mismo, y nos ha dado el Espíritu Santo para que, desde los adentros de nuestro corazón, el Espíritu sea intérprete de la Palabra. Esta es la gran obra del Espíritu Santo, quien mora en nosotros: hacer que la Palabra que leemos y pensamos en nuestro corazón sea vivificada y poderosa ahí, de manera que esta Palabra de Dios, trabaje eficazmente en nuestra voluntad, nuestro amor y en todo nuestro ser. Si no entendemos este concepto, la Palabra no tiene poder para operar obediencia en nosotros.

Permítanme tratar de hablar llanamente respecto a esto. Nos regocija cuando hay un creciente interés en el estudio de la Biblia, y nos gusta escuchar testimonios de ello y de sus beneficios. Pero no nos engañemos. Podríamos deleitarnos al estudiar la Biblia; admirarla y estar fascinados con los puntos de vista que se da a la verdad de Dios; los pensamientos sugeridos podrían provocar una impresión profunda y despertar las emociones religiosas más placenteras; no obstante, su influencia práctica para hacernos santos o humildes, amorosos, pacientes, prestos para servir o para sufrir podría ser mínima. La razón de esto es que no recibimos la Palabra como en verdad es, como la Palabra viva de Dios, quien, para ejercer su poder divino, necesita hablarnos tanto *a* nosotros como *en* nosotros.

La letra de la Palabra, aun si la estudiamos y nos deleitamos en ella, no tiene poder salvador o santificador. La sabiduría humana y la voluntad humana, con todo y su trabajo extenuante, no pueden dar ni controlar tal poder. El Espíritu Santo es el gran poder de Dios, y solo si el Espíritu nos enseña, solo si el evangelio que se predica —sea por un hombre o por un libro— se predica con «el Espíritu Santo, que fue enviado del cielo» es que este *realmente* nos será dado. Y con cada mandato, Dios nos da la fuerza para obedecer, y Él opera en nosotros lo que nos fue ordenado.

Con el hombre, el saber y el estar dispuesto, el saber y el hacer, incluso el estar dispuesto y el ejecutar, están —debido a la falta de poder— frecuentemente separados, incluso en desacuerdo. *No así con el Espíritu Santo.* Él es al mismo tiempo la luz y el poder de Dios. Todo lo que Él es, hace y da tiene dentro igualmente la verdad y el poder de Dios. Cuando Él nos muestra un mandato de Dios, al mismo tiempo nos lo muestra como posible y cierto, como vida divina, como un regalo que nos fue preparado, el cual, Él, quien nos lo ha mostrado, es poderoso para impartirlo.

Amados estudiantes de la Biblia, aprendan a creer que es solo cuando Cristo, mediante el Espíritu Santo, les enseña a entender y recibir la Palabra dentro de sus corazones, que Él puede realmente enseñarles a obedecer tal como Él lo hizo. Cada vez que abras la Biblia cree que tan pronto como escuches la Palabra divina —inspirada por el Espíritu— con toda seguridad, y en respuesta a la oración de fe y a una dócil espera, el Espíritu Santo hará que esta Palabra opere vívidamente en tu corazón. Haz de tu estudio de la Biblia un asunto de fe. No solo intentes creer las verdades o promesas que leas, pues esto podría efectuarse en tu poder. Antes, *cree en el Espíritu Santo, que Él está en ti, y que Dios trabajará en tu vida a través de Él*. Recibe la Palabra en tu corazón, y con tranquilidad, cree que Dios te hará amarla, rendirte a ella y obedecerla. Que nuestro bendito Señor Jesús haga que este Libro sea para ti lo que fue para Él cuando habló de «las cosas que están escritas acerca de mí». Todas las Escrituras se convertirán en la simple revelación de lo que Dios hará por ti, en ti y a través de ti.

El estudiante

Hemos visto como nuestro Señor nos enseña la obediencia al darnos a conocer el secreto de su aprendizaje: la dependencia constante *del Padre*. Hemos visto también como Él nos enseña a usar el Libro Sagrado como Él lo usó: como la revelación de lo que Dios nos ha ordenado, y con el Espíritu Santo como quien la expone y hace que se cumpla en nosotros. Si ahora consideramos el papel que tiene el creyente en la escuela de obediencia como estudiante, entenderemos mejor lo que Cristo, el Hijo de Dios, requiere de nosotros para efectuar eficazmente su obra.

Existen varias cosas que constituyen el sentir de un estudiante fiel hacia su maestro. Él se somete enteramente a su maestro para seguir su dirección; deposita una confianza perfecta en él; y le da todo el tiempo y la atención que le pida.

Cuando consentimos en que Jesucristo sea nuestro maestro, comprobaremos la manera maravillosa que Él nos enseñará a tener una obediencia como la suya.

El verdadero estudiante, digamos de algún gran músico o pintor, pone en su maestro toda su concentración y manifiesta una *sumisión sin titubeos*.

Al practicar sus escalas o al mezclar colores, en el estudio lento y paciente de los elementos de su arte, él sabe que es sabio de su parte simplemente seguir las instrucciones al pie de la letra.

Cristo pide una sumisión incondicional a su dirección y autoridad. Nosotros nos acercamos a Él para que nos enseñe el arte perdido de la obediencia a Dios, a la manera de Él. El Señor nos pregunta si estamos listos para pagar el precio. ¡Este consiste en negarnos totalmente a nosotros mismos! ¡Significa renunciar a nuestra voluntad y a nuestra vida hasta la muerte! ¡Es estar listos para cualquier cosa que Él diga!

La única manera de aprender a hacer esto es haciéndolo. El único camino de aprender la obediencia de Cristo es rindiendo la voluntad a Él y haciendo lo que Él desea, el deseo y deleite de su corazón. A menos de que hagas un voto de obediencia absoluta al entrar a esta clase, en la escuela de Cristo, será imposible que puedas tener algún progreso.

Resulta fácil, para un verdadero estudioso, rendir a un gran maestro esta obediencia implícita, simplemente porque *confía en él.*

Gustosamente sacrifica su propia sabiduría y voluntad para ser guiado por una sabiduría más alta. Necesitamos tener esta clase de confianza en el Señor Jesús. Él descendió del cielo para aprender la obediencia a fin de ser capaz de enseñarla bien. Con su obediencia no solo es pagado el precio de nuestra desobediencia, sino también se suple la gracia necesaria para nuestra obediencia presente. En su amor divino y simpatía humana perfecta, y en su divino poder sobre nuestros corazones y vidas, Él merece nuestra confianza; no obstante, no solo nos invita a tenerla, se la gana. Cuando admiramos su persona y nos apegamos a Él; cuando el poder de su amor divino nos toca; y cuando las acciones derramadas en nuestros corazones por el Espíritu Santo despiertan en nosotros un amor recíproco, entonces Él gana nuestra confianza y nos comunica el verdadero secreto del éxito en su escuela. Así como hemos confiado en Él de forma absoluta como el Salvador que expía nuestra desobediencia, confiemos en Él como el *Maestro* que nos dirige para no caer en ella. Cristo es nuestro Profeta o Maestro. Un corazón que cree con entusiasmo en su poder y en su éxito como Maestro, encontrará, en el gozo de esa fe, no solo posible sino fácil obedecer. El secreto de la verdadera obediencia es la presencia de Cristo con nosotros todo el día.

Un estudioso brinda a su maestro toda la *atención y asistencia* que este desee. El maestro determina cuánto tiempo debe ser dedicado a la relación personal y a su instrucción.

Puesto que la obediencia a Dios es un arte divino, y que nuestra naturaleza es profundamente ajena a Él, así como largo y lento fue el sendero que el Hijo mismo recorrió para aprenderla, no debería sorprendernos que no se logre de inmediato. Ni debe extrañarnos que sea necesario más tiempo a los pies del Maestro (para meditar, orar y esperar, en dependencia y abnegación) del que la mayoría está dispuesto a dar; pero démoslo.

En Jesucristo la obediencia celestial se ha convertido en humana de nuevo, la obediencia se ha convertido en nuestro derecho de nacimiento y nuestro aliento vital: aferrémonos a Él, creamos y declaremos su presencia perenne. Con Aquel que aprendió la obediencia para ser nuestro Salvador; con Cristo Jesús, quien nos enseña la obediencia como nuestro Maestro, con Él podemos vivir vidas de obediencia. Su obediencia —y esto no es necesario estudiarlo tanto para entenderlo— es nuestra salvación; y en Él, el Cristo vivo, encontramos esta obediencia y participamos en ella momento a momento.

Roguemos a Dios que nos muestre como Cristo y su obediencia deben estar presentes en nuestra vida a cada momento; de manera que, como sus estudiantes, le demos todo nuestro tiempo y corazón. Y Él nos enseñará a guardar sus mandamientos y a habitar en su amor, así como Él guardó los mandamientos de su Padre y habitó en su amor.

CAPÍTULO IV

El Devocional Matutino

«Si las primicias son santas, también lo es la masa restante; y si la raíz es santa, también lo son las ramas» –Rom. 11:16.

Qué maravillosa y bendecida es la designación divina del primer día de la semana como un día de descanso. No —como algunos piensan— para tener al menos un día por semana dedicado al descanso y al refrigerio espiritual en medio de una semana de duro trabajo, sino para que ese día santo, como el día de apertura de la semana, santifique el resto, y nos ayude e impulse a llevar la presencia de Dios durante todas las labores de la semana. Si las primicias son santas, la masa restante es santa; y si la raíz es santa, también lo son las ramas.

¡Cuán preciosa es la provisión que da el Antiguo Testamento, con muchos tipos y ejemplos, respecto a cómo la primera hora en la apertura del día puede asegurarnos una jornada de trabajo bendecida, y darnos PODER PARA OBTENER VICTORIA sobre la tentación.

Es inefablemente preciosa esa hora por la mañana cuando vamos a Dios para reforzar nuestros lazos de unión con Él firmemente, antes de que tengamos que movernos en medio de los afanes y deberes del día —en los cuales, poco pensamos en Dios—, de manera que el alma se mantenga a salvo y pura. En este tiempo de adoración secreta, el alma se retira con Cristo, y ahí, la tentación misma incluso nos ayuda a unirnos más a Él. Qué motivo de alabanza y gozo es este: ¡que en el devocional matutino se renueve y fortalezca nuestra entrega a Jesús y nuestra fe en Él, de modo que la vida de obediencia no solo se mantenga con un vigor renovado, sino vaya incrementándose y de poder en poder!

Me gustaría señalar lo íntima y vital que es la conexión entre la obediencia y la oración temprano en la mañana. El deseo por una vida de obediencia completa dará un nuevo significado y valor al devocional matutino; y este último, puede, a su vez, proporcionar la fuerza y el coraje para la primera.

El principio motivador

Piensa primero en el motivo principal que te haría amar y fielmente mantener el devocional matutino.

Si la tomamos como una simple tarea, como una parte necesaria de nuestra vida religiosa, esta pronto se convertirá en una carga. O bien, si la llevamos a cabo teniendo en mente nuestra propia felicidad y seguridad, esta no suplirá el poder para hacerla verdaderamente atractiva. Hay solo una cosa que es suficiente: *el deseo de comunión con Dios*.

Esa es la razón por la que fuimos creados a la imagen de Dios, y aquello en que deseamos pasar la eternidad. Esa comunión es solo lo que puede darnos una vida verdadera y bendecida, ya sea aquí o en el más allá. Esta es la razón por la que Él nos invita a entrar en nuestra habitación y cerrar la puerta: para tener más de Dios, conocerle mejor, recibir la comunicación de su amor y fuerza, y para que nuestra vida sea llena con la suya.

Es en esta cercanía que, en la oración temprano en la mañana, nuestra vida espiritual es probada y fortalecida. Este tiempo es un campo de batalla: ahí se decide cada día si Dios ha de tenerlo todo, si nuestra vida caminará en absoluta obediencia. Si en verdad vencemos ahí, desplomando nuestra vida en las manos del Todopoderoso, la victoria durante ese día es segura. Es ahí, en nuestra habitación, en donde se prueba si realmente Dios es nuestro deleite, y si amarlo con todo el corazón es nuestro objetivo o no.

Sea entonces esta nuestra primera lección: la presencia de Dios es lo principal en nuestros tiempos de devoción, y es para encontrarnos con Él, para rendirnos a su santa voluntad, para saber lo que le place, para obtener de Él sus órdenes, para que Él ponga sus manos sobre nosotros, y para que nos bendiga diciendo: «Ve en mis fuerzas». Es entonces que, cuando el alma aprende que todo esto se obtiene en el devocional matutino —día a día—, anhelará este tiempo y se deleitará en él.

La lectura de la Biblia

Hablemos ahora de la lectura de la Biblia, la cual es parte de lo que nos ocupa aquí. En relación a esto tengo algunas cosas que decir.

1. Una de estas cosas es que *debemos tener cuidado, pues la Palabra, la cual fue escrita para señalarnos el camino hacia a Dios, puede, de hecho, interponerse y ocultárnoslo.*

La mente puede estar ocupada e interesada, deleitándose en lo que encuentra en la Biblia; sin embargo, puesto que se trata de un ejercicio meramente intelectual, esta lectura y estudio puede brindarnos pocos beneficios. Si esta lectura no nos guía a esperar en Dios, a glorificarle a Él, a recibir su gracia y su poder para endulzar y santificar nuestras vidas, esta se convierte en un obstáculo en lugar de una ayuda.

2. Otra lección que no está por demás repetir es que solo *el Espíritu Santo es quien ha de enseñarnos el verdadero significado de un pasaje: lo que Dios quiere decir en su Palabra, y que es Él quien, en realidad, puede hacer que dicha Palabra llegue a lo más profundo de nuestro ser y obre eficazmente en nosotros.*

El Padre celestial, quien nos dio su Palabra desde el cielo, con todo y sus misterios y mensajes divinos, nos ha dado su Espíritu Santo para explicárnosla e interiorizarla en nosotros. Cada vez que leemos la Palabra, el Padre quiere que le pidamos su Espíritu para enseñárnosla. Quiere que nos inclinemos mansamente, y con una actitud enseñable, creamos que el Espíritu, en las profundidades de nuestros corazones, hará que su Palabra cobre vida y actúe.

Él quiere que recordemos que el Espíritu Santo nos ha sido dado para que seamos dirigidos por Él, para seguirlo, para que tengamos toda nuestra vida bajo su gobierno; por tanto, Él no puede enseñarnos por la mañana a menos que nos sometamos con toda sinceridad a su dirección. Pero si hacemos esto, y pacientemente esperamos en Él —no para recibir una [simple] nueva opinión, sino para obtener el poder de la Palabra en nuestros corazones—, entonces podremos contar con su enseñanza.

Permite que tu recámara sea el salón de clases y la hora del devocional matutino la hora de la clase, en la cual evidencies, ante los ojos de Dios, tu completa dependencia y sumisión a la enseñanza del Espíritu Santo.

3. Quiero acentuar una cosa más para confirmar lo que he dicho arriba: *siempre estudia la Palabra de Dios con un espíritu sometido sin reservas a la obediencia.*

Ya sabes lo frecuente que Cristo y sus discípulos (en sus epístolas), hablaron del oír y no hacer. Si te acostumbras a estudiar la Biblia sin el ferviente y definido propósito de obedecer, te irás endureciendo en desobediencia.

Nunca leas la voluntad de Dios respecto a ti sin entregarte honestamente a hacerla de inmediato, pidiendo gracia para ello. Dios nos ha dado su Palabra para decirnos lo que quiere de nosotros, y qué gracia ha provisto para hacernos capaces de hacerla. ¡Qué triste es pensar que la mera lectura de la Palabra es un ejercicio piadoso, sin esforzarnos sinceramente por obedecerla! ¡Que Dios nos perdone tan terrible pecado!

Digamos esto a Dios, y hagámoslo como un hábito sagrado: «Señor, lo que sea sepa que es tu voluntad, la obedeceré de inmediato». Lee siempre con un corazón dispuesto a obedecer voluntariamente.

4. Una cuarta cosa. He hablado aquí de mandatos que ya conocemos y que son fáciles de entender. Pero, recuerda, hay un gran número de mandamientos a los que quizá nunca has puesto atención, y otros cuya aplicación es tan amplia e inagotable que no los has aún comprendido. Lee la Palabra de Dios con un profundo deseo por conocer toda su voluntad. Si hay cosas que aparentan ser difíciles, mandamientos que parecen demasiado elevados, o aquellos en los que necesitas dirección divina para llevarlos a cabo —y existen muchos de esos— deja que ellos te impulsen a buscar la enseñanza divina. No es el texto más sencillo y más alentador el que trae mayor bendición, sino aquel que, independientemente de su dificultad, te lleva más a Dios. Dios quiere que estés «lleno del conocimiento de su voluntad en toda sabiduría e inteligencia espiritual» (Col. 1:9). Y es en la intimidad con Dios que este maravilloso trabajo se efectúa. Recuerda: solo cuando sabes que Dios te está pidiendo algo es que tienes certeza de que Él te da la fuerza para hacerlo. Solo cuando estamos dispuestos a conocer toda la voluntad de Dios es que Él, de tiempo en tiempo, nos revelará más de ella, y nosotros seremos capaces de cumplirla en su totalidad.

Para alguien que está resuelto a encontrarse con Dios temprano en la mañana, este encuentro le resultará bastante poderoso. Ahí renovará su rendición a Dios en absoluta obediencia a Él; ahí, con humildad y paciencia esperará en el Espíritu Santo para que le enseñe la voluntad de Dios, y ahí, ¡recibirá la seguridad de que cada promesa que Él nos ha dado en su Palabra será infaliblemente una realidad! Quien ora de esta manera por sí mismo se convertirá en un verdadero intercesor.

La oración

A la luz de estos pensamientos, quisiera ahora dar algunas palabras de lo que la *oración en la mañana debe ser*.

1. *Primero que todo, asegura la presencia de Dios.*

No te conformes con nada menos que con ver el rostro de Dios, teniendo la seguridad de que Él te mira con amor, te escucha y obra en ti. Si la vida diaria debe estar llena de Dios, ¿cuánto más a esa hora de la mañana, tiempo en el cual nuestra vida puede ser sellada por Dios para vivir el resto del día? En nuestra religión no queremos sino MÁS DE DIOS: más de su amor, de su santidad, de su Espíritu viviendo en nosotros, de su poder trabajando en nosotros y a través de nosotros. No existe debajo del cielo otra manera de obtener estas cosas sino mediante la comunión personal cercana; y no hay un tiempo más apropiado para asegurarlas y practicarlas que temprano por la mañana.

La superficialidad y debilidad de nuestra religión y trabajo religioso se debe a nuestro raquítico contacto real con Dios. Si es verdad que Dios, y solo Él, es la fuente de amor, de bien y de felicidad, y si para lograr nuestra más verdadera y elevada felicidad debemos procurar tanto sea posible su presencia, su compañía, su voluntad y su servicio, entonces nuestra PRIORIDAD debería ser encontrarnos con Él en la mañana, temprano.

Para los santos del Antiguo Testamento, que Dios les apareciera y les hablara fue el secreto de su obediencia y fortaleza. Dedica a Dios tiempo en secreto, de modo que Él se revele a ti, puedas llamar ese lugar Peniel, y digas, «porque he visto a Dios cara a cara».

2. *Reitera tu entrega total para obedecer a Dios ese día como la parte principal de tu sacrificio matutino.*

Permite que cualquier confesión de pecado sea evidenciada con claridad: corta y arranca cualquier cosa que ofende a Dios. Pide por la gracia y la fuerza que necesitas para caminar una vida santa, y recíbelas por fe; sé específico; y que la perspectiva del día en que estás entrando sea una decisión determinada y resuelta: que la obediencia a Dios será tu PRINCIPIO RECTOR.

Algo tenemos que entender: no hay un camino más seguro, de hecho, no existe otro, para entrar en el amor de Dios y en la bendición que la oración encierra sino entrar en su voluntad. En la oración, abandónate totalmente a la bendita voluntad de Dios, y esto será más eficaz que presentar muchas peticiones. Suplica a Dios que te muestre su gran misericordia, que te permita y te haga capaz de entrar en su voluntad, y habitar ahí; que te haga conocer y hacer su voluntad en tu vida con una bendita certeza. Que, de hecho, tu oración se convierta en un «sacrificio matutino», uno en donde tú mismo te coloques sobre el altar como una ofrenda del todo quemada al Señor. Cuanto más grande sea tu rendición a Él para obedecerle completamente, mayor será tu confianza en Dios.

3. Recuerda que la verdadera oración y compañerismo con Dios no puede ser algo unilateral.

Necesitamos estar tranquilos y esperar hasta escuchar la respuesta que Dios nos dé. *Esta es la función del Espíritu Santo, ser la voz de Dios dirigida a nosotros.* En las ocultas profundidades del corazón, Él puede darnos una secreta, pero segura certeza de que hemos sido oídos, de que estamos complaciéndolo, de que el Padre está comprometido en hacer lo que le hemos pedido. Lo que necesitamos para escuchar esa voz y para recibir esa certeza, es una espera quieta y silenciosa en Dios, una fe serena que confía en Él, un corazón sosegado que se inclina humildemente ante el Todopoderoso, y le permite ser su todo en todo.

Cuando esperamos hasta que Dios tome parte en nuestra oración, entonces la confianza de que recibiremos lo que pedimos nos es otorgada, y que nuestro sacrificio en el altar de la obediencia ha sido aceptado; por tanto, podemos contar con el Espíritu Santo para guiarnos hacia toda la voluntad de Dios, tal y como Él desea que la conozcamos y la llevemos a cabo.

Qué gloria vendría a nosotros en el devocional matutino —y luego a lo largo de nuestra vida diaria— si pasáramos así esta hora con el Dios Trino; para que el Padre, mediante el Hijo y el Espíritu, tome posesión consciente de nosotros durante el día. ¡Entonces no habría tanta necesidad de suplicar e instar a los hijos de Dios a que se levantaran a orar muy temprano en la mañana!

4. Ahora llegamos al último punto de esta sección: *seamos intercesores, presentémonos en representación de otros*.

En la obediencia de nuestro Señor Jesús, así como en toda su comunión con el Padre, el elemento esencial fue este: su entrega total por los demás. El Espíritu fluye a través de cada miembro del cuerpo, así, entre más lo conozcamos y nos sometamos a Él, más nuestra vida será lo que Dios quiere que sea. La forma más elevada de oración es la intercesión. El principal objetivo por el cual Dios eligió a Abraham e Israel y a nosotros, fue para convertirnos en una bendición para el mundo. Somos real sacerdocio, un pueblo de sacerdotes. En tanto nuestra oración tenga solamente el objetivo de nuestra propia mejora y felicidad, no podremos conocer su completo poder. Dejemos que la intercesión sea un anhelo *sincero* por las almas que nos rodean, una carga *real* por sus pecados y necesidades, una súplica *genuina* por la extensión del reino de Dios, y un trabajo perseverante por propósitos que se hagan realidad; que tal intercesión sea aquello a lo que nos consagremos en la mañana, y veamos así lo atractivo e interesante en que se convertirá.

¡Intercesión! ¡Qué poderosa palabra! ¡Significa tomar el Nombre, la justicia y la dignidad de Cristo, revestirnos de estas cosas, y así aparecer delante de Dios! Y, «en representación de Cristo», siendo que Él ya no está en este mundo, suplicar a Dios por las necesidades de cada persona, mencionándoles por nombre, necesidades en donde su gracia puede operar. Teniendo fe de que somos aceptados, y que mediante la unción del Espíritu, somos aptos para este trabajo; sabiendo que nuestra oración puede «salvar un alma de la muerte», y traer y dispensar la bendición del cielo sobre la tierra.

Esta obra puede realizarse temprano en la mañana y renovarse a diario. Cada oración privada mantiene su propia comunicación con el cielo, y ayuda a traer conjuntamente su parte de bendición.

Es en la intercesión —y no en el trabajo dedicado que se hace en nuestras propias fuerzas con poca oración— donde se cultiva el más elevado tipo de piedad, y la verdadera semejanza a Cristo. Es en la intercesión donde el creyente alcanza verdadera nobleza, al impartir vida y bendición. La intercesión es el elemento clave para cualquier gran incremento del poder de Dios en la Iglesia y en su obrar para con los seres humanos.

Una última palabra para concluir. Detente y piensa ahora, una vez más, en LA CONEXIÓN VITAL E ÍNTIMA que existe entre la obediencia y el devocional matutino.

Sin obediencia no puede haber poder espiritual para entrar en el conocimiento de la Palabra de Dios y de su voluntad. Sin obediencia no podrá haber confianza, osadía, libertad al saber que la oración fue escuchada. Obediencia es comunión con Dios y su voluntad; sin ella no podremos ver, ni reclamar, ni mantener las bendiciones que Él tiene para nosotros.

Y así, por el otro lado, sin una bien definida y viva comunión con Dios en la mañana, posiblemente la vida de obediencia no puede mantenerse. Pues es ahí en donde el voto de obediencia puede renovarse con poder, y ser confirmado desde el cielo. Es ahí en donde la presencia y comunión con Dios se asegura, cosas indispensables para que la obediencia sea posible. Es ahí en donde la obediencia de Uno [Cristo], y en la unión con Él, se recibe fortaleza para todo lo que Dios requiere. Es ahí en donde se recibe el entendimiento espiritual de la voluntad de Dios, la cual nos lleva a caminar dignamente delante del Señor agradándole en todo.

Dios ha llamado a sus hijos a vivir una vida maravillosa, celestial y completamente sobrenatural. Permite que las oraciones matutinas sean cada día la puerta abierta en el cielo, a través de la cual destila luz, poder sobre tu corazón expectante, y desde la cual sales a caminar con Dios el resto del día.

CAPÍTULO V

La Entrada a la Vida de Completa Obediencia

«Obediente hasta la muerte» —Fil. 2:8.

Después de todo lo que he dicho sobre la vida de obediencia, me he propuesto hablar en este capítulo de la entrada a esta vida.

Tal vez pienses que ha sido un error tomar este texto, en el cual tenemos la obediencia en su más alta perfección como la base para hablar de la entrada a esta vida. Sin embargo, no es un error. El secreto del éxito en esta carrera es tener la meta claramente definida, y apuntar en esa dirección desde el principio.

«Haciéndose obediente hasta la muerte». No hay otro Cristo para ninguno de nosotros, ni otra obediencia que agrade a Dios, ni otro ejemplo dado a nosotros para imitar, ni otro Maestro de quien podamos aprender a obedecer. Los cristianos sufren inconcebiblemente porque no aceptan de inmediato y de todo corazón que esta es la única obediencia que deben procurar. El cristiano más joven encontrará fortaleza en la escuela de Cristo al hacer, desde el principio, el voto de ser OBEDIENTE HASTA LA MUERTE. Esto es, al mismo tiempo, la belleza y la gloria de Cristo; y que Él le haga participar en esta obediencia es la mayor bendición que el creyente puede recibir. Este objetivo y esta entrega son posibles, incluso, para el más joven de los creyentes.

Si quieres un recordatorio de lo que esto significa, piensa en cierto incidente histórico. Un rey soberbio, con un gran ejército demandó la sumisión del rey de una nación pequeña, pero valiente. Cuando los embajadores hubieron entregado su mensaje, el rey de esta nación pequeña ordenó a uno de sus soldados que se apuñalara él mismo, y lo hizo. A un segundo le es ordenado lo mismo, y este obedeció de inmediato. Un tercero es convocado; y él también fue obediente hasta la muerte. «Ve, y di a tu señor que tengo tres mil soldados tales como los que viste». El rey demostró que contaba con hombres que no consideraban valiosa su vida cuando él los llamaba a entregarla.

Esta es la obediencia a la que Dios nos llama. Esta fue la obediencia que Cristo rindió; la obediencia que Él enseña, y la que debemos aprender; esta y nada menos que esta. Desde el comienzo de tu vida cristiana, que esta sea tu meta, y no cometas el fatal error de llamar a Cristo Maestro sin hacer lo que Él dice.

Todos aquellos que, luego de lo que llevamos estudiado en este libro, se sienten convictos del pecado de desobediencia, escuchen —a medida que exploramos la Palabra de Dios—, cómo escapar de este pecado, a fin de tener acceso a la vida que Cristo puede dar, esto es, una vida de obediencia completa.

LA CONFESIÓN Y LIMPIEZA DE LA DESOBEDIENCIA

Es fácil ver que este debe ser el primer paso. Jeremías es el profeta que más habla de la desobediencia del pueblo de Dios. Dios dice: «Israel, pueblo infiel, ¡vuélvete a mí! Me olvidaré por completo de mi enojo, porque soy un Dios bondadoso. *Tan solo te pido que reconozcas tu culpa, que admitas que te rebelaste contra mí, que no has querido obedecerme.* ¡Vuelvan a mí, israelitas rebeldes!» (Jer. 3:12-14, TLA).

Así como sin confesión no puede haber perdón para la conversión, así tampoco, después de esta, no habrá liberación del poder dominante del pecado, y de la desobediencia que este trae consigo, sin una nueva y más profunda convicción y confesión.

El pensamiento respecto a nuestra desobediencia no debería ser una generalidad vaga; antes bien, aquello en lo que estamos desobedeciendo debe encontrarse con precisión, confesado, rendido, puesto en las manos de Cristo, y por Él, limpiado.

Solo así puede haber esperanza de entrar en el camino de la obediencia verdadera. Escudriñemos nuestra vida a la luz de las enseñanzas del Señor.

1. *Cristo apeló a la ley.*

Él no vino a destruir la ley, sino a asegurar su cumplimiento. Él dijo al joven rico: «Los mandamientos sabes» (Mc. 10:19). Sea entonces la ley nuestro primer examen.

Tomemos un simple pecado, el de la mentira, por ejemplo. Una vez una joven me envió una nota diciéndome que deseaba obedecer completamente, y que por ello se veía impulsada a confesar una mentira que me había dicho. No era algo que tuviese importancia; sin embargo, ella juzgó correctamente que la confesión le ayudaría a deshacerse de tal cosa.

En la sociedad existe mucho de esto, incluso en la vida escolar, y son muchos los que no pasan la prueba de la veracidad rigurosa.

Así también están los otros mandamientos, terminando con la codicia, en donde Dios condena el deseo de aquello que no es nuestro. En esto con frecuencia el cristiano cae, y termina en desobediencia.

Todo esto debe terminar por completo, debemos confesarlo, y mediante el poder de Dios, echarlo de nosotros para siempre; si es que realmente queremos entrar en una vida de obediencia completa.

2. *Cristo revela la nueva ley: el amor*

Ser misericordioso como el Padre en el cielo, perdonar como Él lo hizo, amar a los enemigos, hacer bien a los que nos odian, y vivir vidas de sacrificio ayudando a otros, esta fue la religión que Jesús nos enseñó en la tierra.

Consideremos el espíritu no perdonador cuando somos provocados o maltratados, los pensamientos sin amor, las palabras duras o crueles, el descuido del llamado a mostrar misericordia, hacer bien y bendecir; consideremos todo esto como desobediencia, cosas que deben ser percibidas, lamentadas y arrancadas como un «ojo derecho» (Mt. 5:29); pues mientras persistan, no podremos obtener el poder de la obediencia plena.

3. Cristo habló mucho de negación propia

El ego es la raíz de la falta de amor y obediencia. El Señor llama a sus discípulos a negarse a sí mismos y a tomar su cruz; a abandonarlo todo, a aborrecerse a sí mismos y a perder su propia vida; a humillarse y a convertirse en siervos de todos. Y Él lo hizo así porque el yo, la voluntad propia, la complacencia de sí mismo, y la búsqueda del beneficio individual, todo esto es simplemente la raíz de todo pecado.

Cuando deleitamos la carne en cosas tan simples como comer y beber; cuando gratificamos el ego al buscar o aceptar o al regocijarnos en aquello que deleita nuestro orgullo; cuando la voluntad propia domina y encaminamos el cumplimiento de sus deseos, al hacer estas cosas estamos desobedeciendo a su mandamiento. Todo esto gradualmente nubla el alma e imposibilita el total goce de su luz y su paz.

4. Cristo demandó para Dios el amor del corazón

De igual manera, Él demandó para sí mismo el sacrificio de todos los que viniesen a Él y lo siguieran. El cristiano que no ha hecho de esto su objetivo principal, quien no ha determinado buscar la gracia para vivir así, es culpable de desobediencia. Puede haber mucho en su religión que parece bueno y fervoroso; sin embargo, sin hacer esto, el tal no podrá tener una conciencia gozosa al saber que está haciendo la voluntad del Señor, y obedeciendo sus mandamientos.

Cuando se hace el llamado a acudir a Dios y comenzar una vida nueva, una vida de obediencia, muchos desean responder al llamado y tratan quietamente de ir en tal dirección. Piensan que necesitan orar más y estudiar más las Escrituras para crecer, y gradualmente, ir alcanzando esta nueva manera de vivir. No obstante, ellos están en un grave error. La palabra de Dios nos enseña en el libro de Jeremías respecto a esto.

«Convertíos, hijos rebeldes, convertíos a mí» (3:14, 22).

Un alma que ha hecho con total seriedad un voto de obediencia plena puede pasar de una obediencia endeble a una completa. Pero no existe tal cosa como crecer partiendo de la desobediencia para luego *alcanzar* la obediencia. Se necesita un viraje completo, una decisión, una crisis. Y esto solo es posible cuando existe una clara comprensión de lo que se está haciendo mal, confesión del pecado (acompañada de vergüenza por el hecho), y arrepentimiento. Solo cuando el alma busca en Dios —y en su gran poder— la purificación de toda su inmundicia, es entonces que tendrá una conciencia preparada para el regalo de un nuevo corazón; y el Espíritu de Dios le hará caminar en sus estatutos.

Si deseas conducirte hacia una vida diferente, y convertirte en un hombre o una mujer que asemeje a Cristo en su obediencia hasta la muerte, comienza por suplicar a Dios que el Espíritu Santo te dé convicción, te muestre toda tu desobediencia y te guie a la humilde confesión, pues así Dios purificará tu alma. No descanses hasta recibir esto.

Ten fe que la obediencia es posible

Este es el segundo paso. Para dar este paso debemos entender claramente lo qué es la obediencia.

Para ello, debemos prestar mucha atención a la diferencia entre un pecado *voluntario* y uno *involuntario*. La obediencia solo se ocupa del primero.

Sabemos que el nuevo corazón que recibimos de Dios está colocado en medio de la carne, con todo y su pecaminosidad. Y de ella, con frecuencia surgen —incluso en aquel que camina en verdadera obediencia— sugerencias malignas de orgullo, desamor, impureza, etc., cosas de las cuales él no tiene control. Estos son, por naturaleza, completamente pecaminosos y viles; pero estas cosas no son imputadas al hombre como actos de trasgresión. Estos no son actos de desobediencia que él pueda romper y expulsar, así como la desobediencia de la que hemos hablado. La liberación de estas cosas llega por otro medio, no mediante la voluntad del hombre regenerado (la voluntad que produce la obediencia), sino a través del poder de la sangre de Cristo, quien mora en nosotros. A medida que la naturaleza pecaminosa se levanta, lo único que este puede hacer es aborrecerla y confiar en la sangre que una vez lo hubo limpiado, que esta lo continuará manteniendo limpio.

Señalar esta distinción TIENE IMPORTANTES CONSECUENCIAS, ya que evita que el cristiano piense que la obediencia es imposible. Le anima a buscar y ofrecer su obediencia en una esfera en donde pueda ser útil. Y es solo en la medida en que él se mantiene en esta esfera que el poder de la obediencia puede mantenerse, pues es en donde se puede confiar en el poder del Espíritu para purificar al creyente más allá de los alcances de su voluntad humana.

2. Cuando se elimina esta dificultad que he mencionado, con frecuencia una segunda emerge para hacernos dudar de si la obediencia realmente es posible.

Esto tiene que ver con la idea de la perfección absoluta. Los seres humanos integran todos los mandamientos de la Biblia; piensan luego en las virtudes asociadas a su obediencia (en su máxima medida posible), y consideran que un hombre que posee todas estas virtudes, constantemente y en su plena perfección, este es un hombre obediente. ¡Oh, pero lo que demanda el Padre es *muy* distinto! Él toma en cuenta la capacidad de cada uno de sus hijos. Le pide obediencia solamente un día a la vez, o, mejor dicho, una hora a la vez. Él ve si en verdad me he entregado de todo corazón a la obediencia de cada mandato conocido. Y cuando Su hijo hace esto, con una fe simple y en amor, su obediencia es aceptada. Entonces el Espíritu nos da una dulce seguridad de que lo estamos agradando, y nos permite «tener confianza en Dios, porque guardamos sus mandamientos, y hacemos las cosas que son agradables delante de él» (1 Jn. 3:21-22). Esta obediencia es sin duda un grado alcanzable de gracia; por tanto, la fe es indispensable para caminar en obediencia.

Si te preguntas cuál es la base bíblica para esta fe, podrás encontrarla en la promesa del Nuevo Pacto de Dios: «Daré mi ley en su mente, y la escribiré en su corazón, y pondré mi temor en el corazón de ellos, para que no se aparten de mí» (Jer. 31:33, 40).

El gran defecto del Antiguo Pacto era que demandaba, pero no proveía el poder para la obediencia. Esto es lo que hace el Nuevo Pacto. El corazón significa el amor, la vida. La ley puesta ahí, escrita en el corazón, significa que esta toma así posesión de la vida más íntima y del amor de un ser humano renovado. El corazón nuevo se deleita en la ley de Dios, pero también está dispuesto y es capaz de obedecerla.

¡Dudas de esto?; ¿tu experiencia no lo confirma? ¡No me extraña! Una promesa de Dios es un asunto de fe; si no lo crees, tampoco podrás experimentarlo.

Tú sabes lo que es la tinta invisible, ¿cierto? Puedes escribir con ella sobre el papel, pero nadie que no conozca el secreto podrá saber qué escribiste hasta que se lo cuentas, entonces lo sabrá por fe. Expone el papel al sol o agrega algún químico sobre él, entonces el mensaje secreto surgirá. Así, la ley de Dios está escrita en tu corazón. Si tú lo crees con firmeza, y vas y le dices a Dios que su ley está ahí, en la parte más íntima, y sostienes ese corazón a la luz y calor del Espíritu Santo, encontrarás que es verdad. *La ley escrita en el corazón* significa para ti un ferviente amor por los mandamientos de Dios, junto con el poder para obedecerlos. [1]

Se dice de uno de los soldados de Napoleón. El doctor buscaba

---

1] En un libro que será publicado aproximadamente al mismo tiempo, *The Two Covenants and the Second Blessing* [Los dos pactos y la segunda bendición], trato de mostrar, lo simple, lo segura y lo totalmente suficiente de la provisión del Nuevo Pacto —el Pacto de la Gracia—, para asegurar nuestra obediencia.

una bala que estaba alojada en él, en la región del corazón, entonces el soldado gritó: «Ve más profundo, y encontrarás el nombre de Napoleón grabado ahí».

¡Cristiano! ¡Cree que la ley vive en lo más profundo de tu ser! Repite en fe las palabras de David y de Cristo: «El hacer tu voluntad, Dios mío, me ha agradado, Y tu ley está en medio de mi corazón» (Sal. 40:8).

La fe te asegurará que la obediencia es posible, y tal fe te ayudará a entrar en la vida de la verdadera obediencia.

Pasa de la desobediencia a la obediencia al someterte a Cristo

«Convertíos, hijos rebeldes, y sanaré vuestras rebeliones» (Jer. 3:22), dice el Dios de Israel.

Ellos eran su pueblo, pero se habían rebelado contra Él; por tanto, su conversión debía ser inmediata y completa. Volverse de una vida inconsecuente de desobediencia, y mediante la fe en la gracia de Dios decir: «Obedeceré», podría ser algo de un momento; sin embargo, el poder para obedecer, para hacer el voto y mantenerlo, emana del Cristo vivo. Hemos visto antes que el poder de la obediencia reside en la fuerte influencia de una Presencia personal viva. Mientras tomemos nuestro conocimiento de la voluntad de Dios de un libro o de un hombre, no podríamos sino fracasar. Pero si hacemos de Jesús, quien siempre está cercano, nuestro Señor y nuestra Fortaleza, podremos obedecer. La voz que ordena es la voz que inspira. El ojo que guía es el ojo que anima. Cristo se convierte en nuestro universo: el Maestro que ordena, el Ejemplo que enseña, el Ayudador que nos fortalece. Vuelve tu vida de desobediencia a Cristo; entrégate a Él en sumisión y fe.

En sumisión: deja que Él lo posea todo. Rinde tu vida para ser lleno de Él, de su presencia, de su voluntad, de su servicio, y Él te llenará de todo esto si tú se lo permites. Ríndete a Él, no para ser salvo de la desobediencia de manera que seas feliz y vivas tu propia vida libre de pecado y de problemas. No; sino para que Él te tenga completamente para sí, como un vaso, como un canal, uno que Él pueda llenar de sí mismo, con su vida y amor por los seres humanos, y te use en su bendito servicio.

También *en fe*: en una nueva fe. Cuando un alma percibe esta nueva verdad en Cristo, esto es, el poder para la obediencia continua, necesita renovar su fe, a fin de disfrutar de esta especial bendición derivada de la gran redención de Cristo. La fe que hizo posible que Cristo se hiciera «obediente hasta la muerte» para lograr la expiación, y que le motivó a amar y a obedecer, es la misma que se aplica a nosotros: «Haya pues en vosotros este sentir que hubo también en Cristo Jesús, [quien] se humilló a sí mismo, haciéndose obediente hasta la muerte» (Fil. 2:5-5). Por tanto, cree que Cristo ha puesto su propia mente y Espíritu en nosotros, y en esa fe, nos prepara para vivir y actuar en consecuencia.

Dios envió a Cristo al mundo para restaurar la obediencia a Dios al lugar que tuvo en el corazón del ser humano y en su vida. Cristo vino, y se hizo obediente hasta la muerte, demostrándonos lo que es la verdadera obediencia. Él la logró y la perfeccionó en sí mismo, como una [clase de] vida que Él ganó mediante la muerte, y que ahora la comunica a nosotros. El Cristo que nos amó, quien nos guía, enseña, fortalece y vive en nosotros, es el Cristo que fue obediente hasta la muerte. «Obediente hasta la muerte», esta es la esencia misma de la vida que Él imparte. ¿No la aceptaremos, confiando en que Él la manifieste en nosotros?

¿Quieres entrar en la bendita vida de obediencia? Contempla la puerta abierta (es Cristo quien dice: «Yo soy la puerta»). Contempla aquí el vivo y nuevo camino (es Cristo quien dice: «Yo soy el camino»).

Ahora comenzamos a verlo; toda nuestra desobediencia se debió a que no conocíamos a Cristo como debíamos conocerle. La obediencia solo es posible mediante una vida de continua comunión con Él. La inspiración de su voz, la luz de sus ojos, sus manos que nos sostienen, todo esto hace que la obediencia sea posible y segura.

Venid, inclinemos y rindamos nuestras vidas a este Cristo —obediente hasta la muerte—, en la fe de que Él nos hace partícipes de Él mismo, de todo lo que Él es y tiene.

CAPÍTULO VI

La Obediencia que Produce Fe

«Por la fe Abraham obedeció» —Heb. 11:8.

Por la fe Abraham, siendo llamado, obedeció para salir al lugar que había de recibir como herencia; y salió sin saber a dónde iba. Él creyó que había una tierra de Canaán, la tierra de la cual Dios le habló. Él creyó que esta tierra era «la tierra de la promesa», asegurada para él como herencia. Creyó que Dios lo llevaría ahí, la mostraría a él y se la daría. En esa fe, Abraham se atrevió a salir de su lugar, sin saber a dónde iba; e ignorante de eso, pero con una fe bienaventurada, confió en Dios, obedeció y recibió la herencia.

La tierra prometida que está puesta delante de nosotros es *la bendita vida de obediencia*. Hemos escuchado el llamado de Dios para salir y habitar ahí (y de esto no existe la menor duda). Hemos escuchado la promesa de Cristo, que Él nos llevará ahí, y nos dará posesión de esa tierra, y esto también está claro y es seguro. Nos hemos sometido al Señor, y pedido al Padre que haga realidad esto. Nuestro deseo ahora es que todo en nuestra vida y trabajo sea elevando al nivel de una gozosa y santa obediencia; y que, a través de nosotros, Dios haga que la obediencia sea también la meta esencial de la vida cristiana en otros. Nuestra meta es alta, y únicamente es posible por el influjo del poder que viene de lo alto. Es solo mediante una fe que transfiere una nueva visión y retiene los poderes del mundo celestial —asegurados por Cristo para nosotros— que podemos obedecer y obtener la promesa.

Pensando en todo esto, y cultivando la convicción —tanto en nosotros como en otros— de que vivimos para agradar a Dios, y servir en sus propósitos, algunos dirán: «Esta no es la tierra prometida a la que fuimos llamados a entrar, antes es una vida pesada y dificultosa destinada al fracaso».

¡No digas esto, mi hermano! Ten por cierto que Dios te ha llamado a la tierra prometida. Ven y comprueba lo que Él puede obrar en ti. Ven y experimenta la nobleza de una vida semejante a la de Cristo en su obediencia hasta la muerte. Ven y ve qué bendiciones Dios dará a quien, con Cristo, se da por completo a la siempre bendita y santa voluntad de Dios. Solo cree en la gloria de esta buena tierra de obediencia sincera: cree en Dios, quien te llama a ella; cree en Cristo, quien te llevará ahí; y en el Espíritu Santo, quien habita y obra todo ahí. Todo aquel que crea, entrará.

Deseo entonces hablar de la obediencia que produce la fe, y de la fe como el poder suficiente para toda obediencia. Te daré cinco conceptos sencillos que señalan la disposición del corazón del creyente que logra entrar en esta vida, en esta buena tierra: *lo contemplo, lo deseo, lo espero, lo acepto, y confío en Cristo para lograrlo.*

LA FE LO CONTEMPLA

Hemos estado tratando de mostrarte el mapa de la tierra, e indicarte los lugares más importantes de ella: los puntos en los cuales Dios encuentra y bendice el alma. Lo que necesitamos ahora es contestar con fe —de manera silenciosa y definitiva— a la pregunta: ¿Existe realmente una tierra prometida en la cual la obediencia es continua, segura y divinamente posible? Mientras haya un ápice de duda en este punto, es imposible que vayamos y tomemos posesión de esa tierra.

Solo piensa en la fe de Abraham. Él descansó en Dios, en su omnipotencia y fidelidad. Hemos puesto delante de ti las promesas de Dios. Escucha otra de ellas: «Os daré corazón nuevo, y *pondré dentro de vosotros mi Espíritu*; y haré que andéis en mis estatutos, y guardéis mis preceptos, y *los pongáis por obra*» (Ez. 36:26-27). Luego está el compromiso de Dios, pues agrega: «Yo Jehová he hablado, y *lo haré*» (v. 36). Él se compromete a hacernos obedecer y a hacernos capaces de ello. Con Cristo y el Espíritu Santo, Dios ha hecho la más maravillosa provisión para el cumplimiento de este compromiso.

Solo haz lo que hizo Abraham, fija tu corazón en Dios. Él «se fortaleció en fe, dando gloria a Dios, plenamente convencido de que era también poderoso para hacer todo lo que había prometido (Rom. 4:4). La omnipotencia de Dios fue el sustento de Abraham. Sea este el tuyo. Mira con cuidado todas las promesas de Dios en su Palabra respecto a un corazón limpio, establecido, sin mancha, santo; a una vida de justicia y santidad; a un caminar en todos sus mandamientos irreprensiblemente y agradándole; a una obra en nosotros que produzca agrado ante sus ojos. Pon en práctica una fe sencilla: Dios lo dice, su poder lo puede hacer. Permite que la seguridad de que una vida de completa obediencia es posible te cautive. La fe puede ver lo invisible y lo imposible. Contempla con esta visión hasta que tu corazón diga:

«Debe ser verdad. Es verdad. Hay una vida prometida que nunca antes he conocido».

LA FE LO DESEA

Cuando leo la historia de los Evangelios y veo lo prestos que estaban los enfermos, los ciegos y los necesitados para creer en la palabra de Cristo, me pregunto con frecuencia qué era lo que los hacía estar mucho más prestos para creer que nosotros. La respuesta que obtengo de la Palabra es esta: que la gran diferencia estriba en la magnitud y honestidad del deseo. En verdad, ellos deseaban de todo corazón ser liberados. No hubo necesidad de rogarles que estuvieran dispuestos a tomar la bendición de Cristo.

¡Lástima que sea tan diferente con nosotros! Todos ellos desearon, en cierto modo, mejorar su condición. Sin embargo, hoy, cuán pocos son los que realmente «tienen hambre y sed de justicia»; cuán pocos son los que intensamente anhelan y lloran por una vida de cuidadosa obediencia, y por la continua conciencia de estar agradando a Dios.

No puede haber una fe fuerte sin un deseo fuerte. El deseo es la gran fuerza motriz del universo. Fue el deseo de Dios de salvarnos lo que lo movió a enviar a su Hijo. Es el deseo lo que mueve a alguien a estudiar y trabajar y a sufrir. Es solamente el deseo de obtener salvación lo que trae a un pecador a Cristo. Es el deseo por Dios, y por la comunión más cercana posible con Él, el deseo de ser tal como Él quiere que seamos, y cumplir tanto sea posible de su voluntad; es ese deseo lo que hace la tierra prometida atractiva para nosotros. Es esta disposición lo que nos hace abandonarlo todo para obtener una participación completa en la obediencia de Cristo.

¿Y cómo se puede despertar ese deseo?

¡Es una pena que necesitemos preguntarnos eso!; ¡que la más deseable de todas las cosas (parecernos a Dios al hacer su voluntad), sea tan poco atractivo para nosotros!

Tomemos esto como una señal de ceguera y cerrazón, y supliquemos a Dios que, mediante su Espíritu, «alumbre los ojos de nuestro corazón», de manera que puedan ver y conocer «las riquezas de la gloria de su herencia» (Ef. 1:18), las cuales nos esperan en una vida de verdadera obediencia. Volvamos la mirada y, bajo la luz del Espíritu de Dios, contemplemos esa vida como posible, cierta, como divinamente asegurada y bendecida, hasta que nuestra fe despierte un deseo ardiente, y digamos:

«Anhelo esa vida, y con todo mi corazón la buscaré».

LA FE LO ESPERA

Existe una gran diferencia entre desear y esperar. Frecuentemente existe un fuerte deseo de salvación en un alma que tiene poca esperanza de realmente obtenerla. Así que, pasar del deseo a la expectativa es algo grande, pues el alma empieza así a disfrutar de la bendición espiritual al decir: «Estoy seguro que es para mí, y, aunque no vea cómo, confío en que la obtendré».

La vida de obediencia no es más una utopía que Dios ha propuesto para hacernos luchar (al menos para acercarnos un poco a ella); ahora es una realidad, algo que podemos vivir en carne propia aquí en la tierra. Espéralo, porque con toda seguridad es para ti. Espera que Dios lo hará realidad.

Hay mucho que pudiere obstaculizar esta expectativa: tu fracaso en el pasado; un temperamento que no te ayuda o las circunstancias; tu fe débil, tus dificultades para cumplir con una dedicación así (la de ser «obediente hasta la muerte»); tu falta consciente de poder para ello; todo esto hace que digas: «Tal vez eso sea para otros; pero no para mí. Tengo miedo».

Te suplico que no hables así. Estás dejando afuera a Dios de la ecuación. Antes espéralo; mira su poder y amor, y entonces comienza a decir: «¡Es para mí!».

Anímate al observar las vidas de los santos que fueron antes de ti. Santa Teresa escribió que, después de su conversión, invirtió más de dieciocho años de su vida intentando miserablemente conciliar a Dios con su vida de pecado. Sin embargo, al final de ese tiempo, ella fue capaz de escribir: «He hecho el voto de jamás ofender a Dios ni en lo más mínimo. He resuelto con solemnidad que prefiero morir mil veces antes que hacer *intencionalmente* algo así; esto era lo que significaba "ser obediente hasta la muerte". Resolví no dejar inconclusa ninguna obra que, desde mi punto de vista, pudiese ser perfeccionada y dar más honor a mi Señor».[2]

Gerhard Tersteegen, desde su juventud, buscó y sirvió al Señor; sin embargo, luego de cierto tiempo, la sensación de la gracia de Dios se apartó de él, y por cinco largos años estuvo como uno perdido en alta mar, en donde ni el sol ni las estrellas aparecen. «Pero mi esperanza estuvo en Jesús». De pronto, una luz brilló en él y nunca dejó de brillar; entonces escribió una carta al Señor Jesús, como con sangre extraía de sus venas. Él dice:

«Desde esta noche hasta la eternidad, sea hecha tu voluntad y no la mía. Ordena, gobierna y reina en mí. Rindo mi ser sin reservas, y

---

2] Luego, ella ora así: «Nos demoramos tanto y somos tan lentos en entregarte el corazón; pero, tú no permitirás que te poseamos antes de pagar el precio. No hay nada en el mundo que pueda comprar tal suministración de tu amor, prometo que, con tu ayuda y poder, antes prefiero derramar hasta la última gota de mi sangre que, a sabiendas o voluntariamente, ser infiel o desobediente a ti». Esta fue su obediencia hasta la muerte.

Pon tu corazón en ello y espéralo. Todavía, Dios es el mismo y vive. Pon tu esperanza en Él; y Él lo hará.

LA FE LO ACEPTA

Aceptar es más que tener una expectativa. Muchos esperan y tienen esperanza, pero nunca poseen porque no aceptan.

Para todos los que no han aceptado, y sienten como si no estuvieran listos para aceptar, decimos: tengan esperanza. Si esta expectativa proviene del corazón, y en verdad es puesta en Dios mismo, entonces esta expectativa guiará su alma a aceptar.

A todos quienes dicen tener esperanza, les urgimos diciendo: «Acepten». La fe tiene el asombroso poder —dado por Dios— de decir: «Lo acepto, lo tomo, ya lo tengo».

Es por la falta de esta fe decidida, que reclama y se apropia de las bendiciones espirituales que anhelamos, que muchos parecen orar sin obtener fruto. No todos están listos para tal acto de fe. Ya que, en donde no hay verdadera convicción del pecado de desobediencia, y ¡tristemente!, no hay verdadero pesar de ello; donde no hay un anhelo fuerte o un propósito real en todo para obedecer a Dios; en donde no hay un interés profundo por el mensaje de las Sagradas Escrituras, de que Dios quiere que seamos «aptos en toda buena obra para que [hagamos] su voluntad, haciendo él en [nosotros] lo que es agradable delante de él por Jesucristo» (Heb. 13:21); en donde no hay esto, no existe capacidad espiritual para aceptar la bendición. El cristiano está contento con ser un bebé. Él solo quiere beber la leche de la consolación; no es capaz de tolerar la comida sólida que Jesús comió *al hacer la voluntad de su Padre*.

Aun siendo así, venimos a todos con esta súplica: Acepta la gracia que Dios ofrece para esta maravillosa vida, acéptala ahora. Sin sino nuestro amor [completo]» [Y agrega]: «Dios nunca se retira de quienes pagan este precio y perseveran en buscarlo. Él irá fortaleciendo esa alma poco a poco, hasta que finalmente sea victoriosa».

esto, tu acto de consagración será de poca utilidad. Sin esto, tu propósito e intención de obedecer fallará. ¿No te ha mostrado Dios que hay una posición completamente nueva que tomar, esto es, la posición de un simple niño obediente, el cual atiende a la voz del Espíritu cada vez que Él le ordena algo, día tras día? La posición de un simple niño que depende de la gracia todo-suficiente de Dios y que la experimenta día tras día, cada vez que escucha un mandato.

Oro que tú ahora mismo tomes esa posición, que te rindas de esa manera, tomes tal gracia, la aceptes y entres en esta verdadera vida de fe, y en la obediencia constante que esta produce. Así como el poder de Dios y sus promesas no tienen límites, así sea tu fe, y tu obediencia será como la de un niño. ¡Oh! Pide a Dios que te ayude, y acepta todo lo que te ha ofrecido.

La fe confía en Cristo para todo

«Porque todas las promesas de Dios son en él Sí, y en él Amén, por medio de nosotros, para la gloria de Dios» (2 Cor. 1:20). Es posible que, a medida que hablamos de la vida de obediencia, hayan surgido preguntas y dificultades que pueden no tener respuesta inmediata. Quizá sientes que no puedes tomar esto de inmediato o reconciliarlo con tus viejos hábitos de pensamiento, palabra y acción. Temes que no seas capaz de someterte de inmediato enteramente a este principio supremo que lo controla todo: «Haced todo conforme a la voluntad de Dios: haced todo en obediencia a Él».

Para todas estas preguntas hay una sola respuesta; una liberación de todos estos temores; Cristo Jesús, el vivo Salvador, sabe todas las cosas, y te pide que le confíes tu vida para obtener sabiduría y poder, a fin de que camines siempre en la obediencia de la fe.

Hemos visto más de una vez que Su completa redención, tal como Él la efectuó, no es otra cosa sino obediencia; y esto es lo que Él nos comunica, que esto continúa siendo así. Él nos da el espíritu de obediencia como el espíritu que nos hace vivir. Este es el espíritu que nos viene a cada momento emanado de Él. Él mismo se encarga de nuestra obediencia. No hay nada bajo el cielo que Él no tenga, haga y otorgue. Él es la garantía de que nos mantendremos en obediencia, y solo nos pide que confiemos en Él. En Jesús todos nuestros temores son eliminados, nuestras necesidades suplidas y nuestros deseos cumplidos. Siendo que Él, el Justo, es nuestra justicia; Él, el Obediente, es también nuestra obediencia.

¿Confías en Él para efectuar esto? Lo que la fe contempla, desea, espera y acepta, con seguridad también confía en que Cristo lo dará, y hará.

¿Por qué no tomas hoy mismo la oportunidad de dar gloria a Dios y a su Hijo, confiando en que Jesús te introducirá en la tierra prometida? Mira a tu Señor glorificado en el cielo, renueva en Él tus fuerzas, y con un nuevo significado, renueva tu voto de lealtad; promete que no harás nada a sabiendas o voluntariamente que pueda ofenderlo. Confía en Él que tendrás la fe necesaria para hacer el voto, el corazón para mantenerlo, y la fuerza para llevarlo a cabo. Confía en Él, el Dios amoroso, que, por su presencia viva, da garantía a tu fe y obediencia. Confía en Él, y atrévete a unirte a Él en un acto de consagración, teniendo la seguridad de que Él es tu Sí y Amén, para la gloria de Dios por medio de nosotros.

CAPÍTULO VII

La Escuela de Obediencia

Un cesto de fragmentos
«Recoged los pedazos que sobraron, para que no se pierda nada» —Juan 6:12.

En este capítulo deseo conjuntar algunos puntos que no se han tocado todavía, o no se han expresado con suficiente claridad, en la esperanza de que ayuden a alguien que ya se ha inscrito en la escuela de obediencia de Cristo.

Del aprender a obedecer
Primero que todo, permíteme advertir sobre un posible malentendido de la expresión «aprender a obedecer».

Somos propensos a pensar que la obediencia absoluta como principio —obediencia hasta la muerte— es algo que solo puede ser aprendido gradualmente en la escuela de Cristo. Este es un grave y dañino error. Lo que tenemos que aprender, y de hecho aprendemos gradualmente, es a practicar la obediencia en mandatos nuevos y más difíciles. Pero en cuanto al principio, Cristo desea que, desde que entramos a su escuela, hagamos un voto de entera obediencia.

Un niño de cinco años puede ser tan implícitamente obediente como un joven de dieciocho. La diferencia entre los dos radica, no en el principio, sino en la naturaleza del trabajo demandado.

Aunque un pensamiento superficial diría que la *obediencia de Cristo hasta la muerte* se presentó hasta el final de su vida, el espíritu de Su obediencia fue el mismo desde el principio. Por tanto, la obediencia incondicional no es el fin, sino el comienzo en esta escuela de por vida. La meta es ser aptos para todo servicio a Dios, ya que la obediencia nos ha puesto totalmente a Su disposición.[3] Un corazón rendido a Dios en una obediencia sin reservas es la *única* condición que nos hace progresar en la escuela de Cristo, y crecer en el conocimiento de la voluntad de Dios.

¡Joven cristiano! Pon las cosas en su debido orden y recuerda la regla de Dios: todo por el todo. Da a Dios todo y recibirás de Él todo. La consagración no sirve de nada a menos que signifique que te presentes como un sacrificio vivo para no hacer otra cosa sino la voluntad de Dios. El voto de entera consagración es la cuota de ingreso para quienes quieren inscribirse en la Escuela de Obediencia, en donde no hay otro maestro sino Cristo mismo.

Del aprender a conocer la voluntad de Dios

Esta rendición sin reservas para obedecer es la primera condición para entrar a la Escuela de Cristo, y es la única aptitud necesaria para recibir la instrucción respecto a la voluntad de Dios para nosotros.

Existe una voluntad general de Dios para todos sus hijos, la cual, en alguna medida, podemos aprenderla de la Biblia. Sin embargo, hay una aplicación especial individual de esos mandatos, esto es, la voluntad de Dios concerniente a cada uno de nosotros individualmente, la cual solamente el Espíritu Santo puede enseñar. Y Él nos la enseñará a nosotros, a menos de que hayamos hecho el voto de obediencia.

Esta es la razón por la que hay tantas oraciones sin respuesta, aquellas en donde se pide a Dios que nos dé a conocer su voluntad. Jesús dijo: «Si alguien quiere obedecer a Dios, podrá saber si yo enseño lo que Dios ordena, o si hablo por mi propia cuenta» (Jn. 7:17 TLA). Si la voluntad del hombre realmente está dirigida a hacer la

---

3] Aquí Murray hace alusión a 2 Timoteo 3:17

voluntad de Dios, esto es, si su corazón está rendido para hacerla, y si en consecuencia él la hace hasta donde la conoce, Dios le enseñará más de ella.

Esto es simplemente lo que sucede con todo estudiante de cualquier campo de estudio, con todo aprendiz de su oficio y con todo hombre de negocios: la única condición para saber verdaderamente es la práctica. Así, en la obediencia, hacer la voluntad de Dios (hasta donde la conocemos), y hacer todo lo que Él nos vaya revelando, es el sensor espiritual —puesto en nosotros por Dios—, para verdaderamente hacer su voluntad de manera individual.

En conexión con esto, permíteme subrayar tres cosas:

Busca tener un profundo sentido de tu enorme ignorancia de la voluntad de Dios, y de tu impotencia de conocerla por ti mismo correctamente.

La consciencia de nuestra ignorancia es la raíz del verdadero espíritu enseñable. «Enseñará a los mansos su carrera» (Sal. 25:9): Aquellos que humildemente confiesen su necesidad de ser enseñados. El conocimiento intelectual solo genera pensamientos humanos sin poder. [En cambio] Dios, mediante su Espíritu, otorga un conocimiento vivo que entra en el amor del corazón, y que opera efectivamente.

2. *Cultiva una fe poderosa, confiando en que Dios te hará conocer la sabiduría en lo más secreto, en lo íntimo* (Sal. 51:6).

Quizá esta idea te resulte extraña debido a que has conocido muy poco de ella en tu vida cristiana hasta ahora. Conoce entonces que el taller de Dios, el lugar en donde Él otorga luz y vida, es el corazón, una parte más profunda incluso que nuestros pensamientos. Cualquier incertidumbre acerca de la voluntad de Dios echará a perder tu gozosa obediencia, la hará imposible. Cree con toda confianza que el Padre está dispuesto a darte a conocer lo que Él quiere que tú hagas. Cuenta con Él para esto, y espéralo con toda certeza.

3. Conociendo lo oscuro y engañoso de la carne y de una mente carnal, *pide a Dios con fervor por la luz escrutadora y convincente del Espíritu Santo.*

Podría haber muchas cosas a las que estás acostumbrado a pensar que son legales o permisibles, que, sin embargo, el Padre piensa distinto de ellas. Puedes considerar que estas cosas son la voluntad de Dios porque otros lo piensan así; no obstante, estas pueden estar cerrando el paso para conocer la voluntad de Dios respecto a *otras* cosas. Por tanto, trae todo —sin reservas— al juicio de la Palabra, explicada y aplicada por el Espíritu Santo. Y espera que Dios te guie hasta estar seguro que todo lo que eres y haces agrada a Dios.

Del obedecer hasta la muerte

Existe un aspecto más profundo y más espiritual de esta verdad del que aún no he hecho mención. Esto es algo que, como regla general, no surge en las primeras etapas de la vida cristiana, pero que es necesario que el cristiano lo tenga presente, a fin de gozar de los privilegios que le aguardan. Existe una experiencia que la obediencia incondicional traerá al creyente: este se dará cuenta que, tal como sucedió con su Señor, la obediencia le guiará a la muerte. Veamos lo que esto significa.

Durante la vida del Señor su resistencia al pecado y al mundo fue perfecta y completa; sin embargo, la liberación final de sus tentaciones y su victoria sobre el poder de estas, esto es, su obediencia, no fue completa hasta que murió a la vida terrenal y al pecado. En esta muerte Él rindió su vida en perfecto abandono en las manos del Padre, esperando que Él le resucitaría. Así, a través de la muerte, Él recibió la plenitud de su vida y gloria. Solo mediante la muerte, de la rendición de la vida que tenía, la obediencia pudo conducirlo a la gloria de Dios.

El creyente comparte con Cristo su muerte al pecado; y en la regeneración, él es bautizado por el Espíritu Santo (en esa muerte al pecado); no obstante, debido a su ignorancia y a su incredulidad, él podría tener poca experiencia respecto a esta muerte total al pecado. Cuando el Espíritu Santo le revela lo que posee en Cristo, y él se apropia de esto en fe, el Espíritu opera la misma disposición que dio ánimo a Cristo en Su muerte. Con Cristo se trató de una entrega total de su propia vida, un abandono completo de Su espíritu en las manos del Padre. Este fue el cumplimiento completo del mandato del Padre: *Deposito [voluntariamente] mi vida en tus manos* (Jn. 10: 17-18). Y este perfecto abandono de sí mismo en la tumba lo hizo entrar en la gloria.

Esta es la comunión a la que es traído el creyente. Él descubre que, incluso en la obediencia más incondicional (para la cual el Espíritu de Dios lo capacita), existe aún un elemento oculto de egoísmo y voluntad propia. Anhela ser liberado de él; no obstante, la palabra de Dios enseña que esto solo puede ser así mediante la muerte. El Espíritu le ayuda a afirmar que él ciertamente está muerto al pecado en Cristo, y que el poder de esa muerte puede operar poderosamente en él; así se dispone a ser obediente hasta la muerte, a esta muerte total al yo, y esta lo reduce a polvo.

La lección de obediencia más elevada que hemos de aprender es esta: ver la necesidad de esta muerte total al yo, estar dispuesto a ella, ser dirigidos a esta completa vacuidad, y a la humildad de Cristo Jesús. Esta es verdaderamente *la obediencia hasta la muerte* que se asemeja a la de Cristo.

No hay espacio aquí para ampliar este tema. Pero pienso que es suficiente decir que Dios mismo enseñará esta lección —a su debido tiempo— a todos aquellos que le sean completamente fieles.

DE LA VOZ DE LA CONCIENCIA

Respecto al conocimiento de la voluntad de Dios debemos dar a la conciencia su lugar, y someternos a su autoridad.

Hay miles de pequeñas cosas en las que la ley de la naturaleza o de la educación nos enseñan lo que está bien y lo que está mal, en las cuales, incluso los más fervorosos cristianos no se sienten obligados a obedecer. Ahora, recuerda, si eres infiel en lo poco, ¿quién te confiará mucho? ¡Seguro Dios no! Si la voz de la conciencia te indica que cierto curso de acción es más noble o mejor, y tú eliges otro porque es más fácil o por complacerte a ti mismo, no eres apto para recibir la enseñanza del Espíritu a causa de desobedecer la voz de Dios en lo natural. Una voluntad férrea siempre hará lo correcto, hará lo que es mejor, tal como su conciencia le indique, esta es una voluntad propensa a hacer la voluntad de Dios. Pablo escribió: «No miento, y mi conciencia me da testimonio en el Espíritu Santo» (Rom. 9:1). El Espíritu Santo habla a través de tu conciencia, si le desobedeces y hieres tu conciencia, esto hará imposible que Dios te hable.

La obediencia a la voluntad de Dios se manifiesta en un tierno respeto a la voz de la conciencia. Esta tiene que ver con comer y beber, dormir y descansar, gastar dinero y buscar placer; que todo esté sujeto a la voluntad de Dios.

En conexión a esto hay algo más de suma importancia. Si deseas vivir una vida de verdadera obediencia, mantén una buena conciencia delante de Dios, y nunca participes conscientemente en nada contrario a Su voluntad. Jorge Müller atribuyó toda la felicidad que tuvo durante setenta años a esto, junto con su amor por la Palabra de Dios. Él mantuvo una buena conciencia, y no iba conforme a la corriente de aquello que sabía era contrario a la voluntad de Dios. La conciencia es el guardián o supervisor que Dios nos ha dado para advertirnos cuando algo va mal. Hasta donde tengas luz, presta atención a la voz de tu conciencia. Pide a Dios que te enseñe su voluntad, y que te dé más luz. Busca el testimonio de tu conciencia, de que estás actuando conforme a esa luz. La conciencia será tu estímulo y tu ayudador, te dará la confianza de que tu obediencia es acepta, y de que Dios escucha tu oración cuando pides por un incremento constante del conocimiento de Su voluntad.

DE LA OBEDIENCIA LEGALISTA Y LA EVANGÉLICA

Incluso cuando se ha hecho un voto de obediencia sin reservas aún existen dos tipos de obediencia: la de la ley, y la del Evangelio. Así como hay dos Testamentos, el Antiguo y el Nuevo, hay dos estilos de religión y dos estilos de servir a Dios. De esto Pablo habla en Romanos cuando dice: «El pecado no se enseñoreará de vosotros; pues no estáis bajo la ley, sino bajo la gracia» (6:14), y luego habla de ser «libres de la ley», y dice: «De modo que sirvamos bajo el régimen nuevo del Espíritu y no bajo *el régimen viejo de la letra*» (7:6), y otra vez nos lo vuelve a recordar: «Pues no habéis recibido *el espíritu de esclavitud* para estar *otra vez* en temor, sino habéis recibido el espíritu de adopción» (8:15).

Estos tres puntos de contraste hacen evidente el peligro que existe con aquellos cristianos que siguen actuando como si estuviesen bajo la ley, y quienes —teniendo un espíritu de esclavitud— sirven con una presunción carnal a la letra [de la ley]. Una de las grandes causas de la debilidad en gran parte de la vida cristiana de muchos es que estos están más bajo la ley que bajo la gracia. Vemos cuál es la diferencia.

Lo que la ley demanda de nosotros, la gracia lo promete y efectúa por nosotros. La ley trata de lo que debemos hacer, ya sea si podemos o no, y apelando a los motivos de miedo y amor, nos impulsa a hacer nuestro mejor esfuerzo. Pero no proporciona fuerza real, así es que solo nos dirige al fracaso y a la condenación. La gracia nos señala lo que no podemos hacer, y nos ofrece hacerlo por nosotros y *en* nosotros.

La ley promete vida, si la obedecemos. La gracia nos da vida, incluso [nos da] el Espíritu Santo para tener la seguridad de que podemos obedecer.

El ser humano, por naturaleza, tiene la propensión de caer de la gracia y volver a la ley, confiando secretamente en ella al «hacer su mejor esfuerzo» [por guardarla]. Sin embargo, la promesa de la gracia es tan divina, y el regalo del Espíritu Santo *de hacer todo por nosotros* es tan maravillosa, que pocos la creen. Esta es la razón por la que ellos nunca se atreven a hacer el voto de obediencia, o si lo han hecho, vuelven a lo mismo. Te ruego que estudies bien lo que es la obediencia evangélica. El evangelio es buenas noticias y su obediencia es parte de esas buenas noticias: *que la gracia, mediante el Espíritu Santo, lo hará todo en ti.* Cree en ello, y permite que todo esfuerzo por obedecer sea con la gozosa esperanza producida por la fe. Entonces cree: [1] en esta gracia super abundante, [2] en el poderoso habitar del Espíritu Santo, y [3] en el bendito amor de Jesús, quien, al morar en nosotros, hace que la obediencia sea posible y segura.

DE LA OBEDIENCIA DE AMOR

Este es uno de los más especiales y más hermosos aspectos de la obediencia al Evangelio. La gracia, la cual promete operar todo mediante el Espíritu Santo es el don del amor eterno. El Señor Jesús (quien se encarga de nuestra obediencia, nos enseña, y mediante su presencia, asegura esta obediencia en nosotros) es quien nos amó hasta la muerte, y quien nos ama con un amor que excede a todo conocimiento. Solo un corazón amoroso puede recibir o conocer el amor. Y es el corazón amoroso el que nos habilita para obedecer. La obediencia es la respuesta amorosa al amor divino que descansa sobre nosotros, y el único acceso al pleno gozo de ese amor.

¡Cuánto insistió el Señor en esto en su discurso de despedida! Lo repite tres veces en Juan 14: «*Si me amáis,* guardad mis mandamientos». «El que guarda mis mandamientos, ese es *el que me ama*». «Si alguno *me ama,* guardará mi palabra». ¿No está claro con esta repetición que el amor por sí solo puede darnos la obediencia que Jesús requiere, y así recibir la bendición que Él da a los obedientes? El don del Espíritu, el amor del Padre y el de Jesús, con la manifestación de Él mismo; el amor del Padre y el de Él mismo habitando en nosotros (Jn. 14:23): todo esto está asegurado por la obediencia amorosa.

En el siguiente capítulo [Jn. 15] Él nos muestra el otro lado, cómo la obediencia nos guía al goce del amor de Dios: «Si guardareis mis mandamientos, *permaneceréis en mi amor,* así como yo he guardado los mandamientos de mi Padre, y *permanezco en su amor*» (v. 10). Él demostró su amor al dar su vida por nosotros; *somos sus amigos*, y gozaremos de su amor, si obedecemos lo que Él nos manda (v. 14). Entre su amor (que fue primero) y el nuestro (en respuesta), y entre nuestro amor y la plenitud de su amor (en respuesta al nuestro), *la obediencia es un enlace indispensable*. La obediencia verdadera y completa es imposible a menos de que vivamos y amemos. «Este es el amor a Dios, que guardemos sus mandamientos» (1 Jn. 5:3).

Ten cuidado con la obediencia legalista, y esfuérzate por la vida de una verdadera obediencia motivada por un [alto] sentido del deber. Pide a Dios que te muestre «la novedad de vida», la cual es necesaria para una obediencia nueva y completa. Reclama la promesa: «Y circuncidará Jehová tu Dios tu corazón, para que ames a Jehová tu Dios con todo tu corazón; y obedecerás al Señor tu Dios» (Dt. 30:6,8). Cree en el amor de Dios y en la gracia de nuestro Señor Jesús. Cree en el Espíritu que te ha sido dado dentro de ti, capacitándote para amar, y haciendo que camines en los estatutos de Dios. En la fortaleza de esta fe, en la seguridad de la gracia suficiente (perfeccionada en la debilidad, 2 Cor. 12:9), entra en el amor de Dios y en la vida de obediencia viva que este produce. Ya qué, nada sino la presencia continua en el amor de Jesús, puede hacernos aptos para una obediencia continua.

¿ES POSIBLE OBEDECER?

Cierro este capítulo insistiendo una vez más, y urgiendo respecto a esta pregunta, la cual se encuentra en la raíz misma de nuestra existencia. El pensamiento secreto y semiconsciente de que vivir siempre agradando a Dios está más allá de nuestro alcance atenta contra la raíz de nuestra fuerza y la carcome. Por tanto, suplico que des una respuesta definitiva a esta pregunta.

Si conociendo la provisión de Dios para tu obediencia, y sus promesas de trabajar toda Su buena voluntad en ti y de darte un nuevo corazón en donde habite su Hijo y el Espíritu, si con todo esto todavía temes que la obediencia no es posible, pide a Dios que abra tus ojos para conocer verdaderamente su voluntad.[4] Si tu juicio es convencido, y apruebas la verdad teóricamente, y aun así temes entregarte a tal vida, también a ti te digo: Pide a Dios que abra tus ojos y te guíe a conocer *lo que Él quiere para ti*. ¡Ten cuidado! No sea que un temor oculto a renunciar a demasiado, a tener que volverte demasiado peculiar y a dedicarte por completo a Dios te frene. Ten cuidado de no estar buscando solo tener suficiente religión para tranquilizar tu consciencia, sin desear hacer, ni ser, ni dar a Dios lo que Él merece. Y, sobre todo, ten cuidado de no «limitar» a Dios, y hacerlo mentiroso al rehusar creer lo que Él ha dicho que puede hacer y hará.

Si crees que estudiar en la escuela de obediencia realmente funciona, no descanses hasta que te hayas comprometido con esta verdad, dejándola por escrito: «La obediencia diaria, para hacer toda la voluntad de Dios respecto a mí es posible, es posible en mi vida. En Sus fuerzas, me entrego a Él para que esto sea realidad».

Pero recuerda, hay una condición. No es por tu determinación o por tus esfuerzos, sino por la constante presencia de Cristo, y por la continua enseñanza del Espíritu que recibirás toda la gracia y poder para ello. Cristo, el Obediente, al vivir dentro de ti, asegura tu obediencia; y la obediencia será para ti una vida de amor y gozo en su comunión.

4] Una vez más remito a mi libro *Los Dos Pactos y la Segunda Bendición*, donde ofrezco una explicación más amplia acerca de la suficiencia de la gracia del Nuevo Pacto para capacitarnos.

CAPÍTULO VIII

La Obediencia al Último Mandato

«*Por tanto, id, y haced discípulos a todas las naciones*» —Mateo 28:19
«*Id por todo el mundo y predicad el evangelio a toda creatura*» —Marcos 16:15.
«*Como tú me enviaste al mundo, así yo los he enviado al mundo*» —Juan 17:18;.
«*Pero recibiréis poder, cuando haya venido sobre vosotros el Espíritu Santo, y me seréis testigos hasta lo último de la tierra*» —Hechos 1:8.

Todas estas palabras solo respiran el espíritu de la conquista del mundo. «Todas las naciones», «Por todo el mundo», «toda creatura», «hasta lo último de la tierra»: todas estas expresiones indican el corazón de Cristo, quien reclama con derecho su dominio sobre el mundo que Él redimió y ganó. Él cuenta con sus discípulos para emprender y llevar a cabo el trabajo. Justo antes de ascender y reinar, les dice: «Toda potestad me es dada en el cielo y en la tierra»; y les señala de inmediato «todo el mundo» y «hasta lo último de la tierra» como el objeto de sus deseos y esfuerzos, y el de ellos. Como el Rey que está sentado en el trono, Él mismo les impartirá su ayuda: «He aquí yo estoy con vosotros todos los días». Ellos serán el ejército que vaya al frente para conquistar todo el mundo. Él mismo continuará la guerra, y quiere inspirarles con su propia seguridad de victoria, que, así como este fue su propósito de vida y de muerte así sea el de ellos: la reconquista del mundo para su Dios.

Cristo no enseña ni argumenta; no pide ni suplica: Él simplemente ordena. Él ha entrenado a sus discípulos para obedecer. Él los ha unido a Él mismo en amor, a fin de que puedan obedecer. Ha soplado en ellos su propio Espíritu de resurrección. Puede contar con ellos, y por ello se atreve a decirles: «Id por todo el mundo». Antes, mientras Jesús vivía en la tierra, sus discípulos habían expresado dudas respecto a si realmente podrían obedecer sus mandamientos. Sin embargo, aquí, Jesús les habla estas palabras quieta y llanamente, y ellos las aceptan. Y tan pronto como Él ascendió, ellos fueron al lugar indicado para esperar el equipamiento celestial, esto es, el poder de Dios para el divino trabajo de hacer discípulos a todas las naciones. Ellos aceptaron el mandato y lo pasaron a todos aquellos que, a través de ellos, creerían en Su Nombre. Y en el lapso de una generación, hombres simples, cuyos nombres nadie conocía, habían predicado el evangelio en Antioquía y en Roma y otras regiones. El mandato fue transmitido y acogido en los corazones y vidas de ellos como algo instituido para todas las épocas, algo que debía ser cumplido por CADA UNO DE LOS DISCÍPULOS.

El mandato es para nosotros también, para cada uno de nosotros. No hay en la Iglesia de Cristo un clan privilegiado a quien le corresponde el honor de forma exclusiva, ni un clan servil a quien solo le corresponda el trabajo de llevar el Evangelio a toda creatura. La vida que Cristo imparte es su propia vida, el espíritu que Él sopla es su propio Espíritu, la única disposición que Él opera [en nosotros] es su propio amor sacrificial. Esto reside en la naturaleza misma de la salvación que Él otorga: que cada miembro de su cuerpo, teniendo completo y saludable comunión con Él, sienta la misma urgencia de dar lo que ha recibido. El mandato no es una ley arbitraria impuesta desde afuera. Es simplemente la revelación —para que la podamos aceptar consciente e intencionalmente— de la maravillosa verdad de que somos su cuerpo, de que ahora ocupamos su lugar en la tierra, y de que su voluntad y amor ahora llevan a cabo —mediante nosotros—, el trabajo que Él comenzó. Y es ahora que, en su representación, vivimos para buscar la gloria del Padre al GANAR AL MUNDO PERDIDO Y HACERLO VOLVER A ÉL.

¡Qué terriblemente la Iglesia ha fallado en obedecer a este mandato! ¡Cuántos cristianos hay que ni siquiera lo conocen! ¡Cuántos hay que han oído de él, pero no se disponen fervorosamente a obedecerlo! ¡Y cuántos hay que buscan obedecerlo, pero como quieren y cuanto quieren!

Hemos estado estudiando el significado de la obediencia. Nos hemos comprometido a someternos de todo corazón a la obediencia, y ciertamente estamos dispuestos a escuchar gustosamente cualquier cosa que nos ayude a entender y a cumplir este último y gran mandado de nuestro Señor: llevar el evangelio a toda creatura.

Déjame decirte lo que necesito decirte en tres simples títulos: *Acepta su mandato*; *Colócate enteramente a su disposición*; y, *Comienza de inmediato a vivir para Su reino*.

ACEPTA SU MANDATO

Hay varias cosas que debilitan la fuerza de este mandato. Existe la impresión de que un mandato dado a todos y de carácter general no es tan obligatorio como uno enteramente personal y específico; que si otros no hacen su parte, nuestra porción de culpa es comparativamente pequeña; que cuando las dificultades son muy grandes, la obediencia no sería una exigencia absoluta; y que si estamos dispuestos a hacer nuestro mejor esfuerzo, eso es todo lo que se nos requiere.

¡Hermanos! Esto no es obediencia. Este no fue el espíritu con el cual los primeros discípulos lo aceptaron. Este no es el espíritu en el cual deseamos vivir con nuestro amado Señor. Antes bien, cada uno de nosotros desea decir: si no hubiese ningún otro, yo, mediante su gracia, me daré a mí mismo, daré mi vida para vivir por su Reino. Permíteme por un momento separarme del resto y pensar en mi relación personal con Jesús.

Soy un miembro del cuerpo de Cristo. Él espera que cada miembro esté a su disposición y sea vivificado por su Espíritu para vivir por lo que Él es y hace. Lo mismo ocurre con mi cuerpo. Llevo conmigo día a día cada miembro saludable de mi cuerpo, con la seguridad de que puedo contar con él para cumplir su función. El Señor me ha hecho parte de su cuerpo, y esto es tan real, que Él no puede pedir ni esperar nada menos de mí que esto. Y me he entregado de tal manera a Él que no concibo otra idea que no sea esto: conocer y cumplir su voluntad.

Tomemos la ilustración de «la vid y los pámpanos». El pámpano existe para un solo objetivo, (el mismo que tiene la vid): dar fruto. Si yo realmente soy un pámpano, soy tal y como Él era cuando estuvo en el mundo: existo solo para dar fruto, para vivir y trabajar por la salvación de los hombres.

Tomemos otra ilustración más. Cristo me ha comprado con su sangre. Ningún esclavo conquistado por la fuerza o comprado por dinero fue jamás tanto la propiedad de su amo, como mi alma, redimida y ganada por la sangre de Cristo, rendida y unida a Él por amor, para ser de su propiedad, para Él solamente, y para hacer todo cuanto a Él le plazca. [Respecto a esto] Él demanda su derecho divino, operando mediante el Espíritu Santo en un poder infinito, y yo he dado mi pleno consentimiento para vivir enteramente para su reino y servicio. Este es mi gozo y mi gloria.

Hubo un tiempo cuando era distinto. Hay dos maneras en que un hombre puede otorgar su dinero o servicio a otro. En tiempos antiguos hubo un esclavo, quien, gracias a su oficio, ganaba mucho dinero. Todo el dinero iba a dar a manos de su amo. El amo era amable y trataba bien al esclavo. Finalmente, y debido a las ganancias que su amo le había permitido obtener, fue capaz de comprar su libertad. Transcurrido el tiempo, el amo se empobreció, y acudió al que fue su esclavo para solicitarle ayuda; entonces él no solo fue capaz de ayudarlo, sino que lo hizo voluntariamente, con liberalidad, en gratitud a la bondad que su amo le había mostrado.

¿Puedes notar la diferencia de cuando era esclavo (en cuanto al dinero y servicio que aportaba) y sus dádivas cuando fue libre? En el primer caso, él dio todo, pues tanto él como el dinero que ganaba le pertenecía a su amo; mientras que, en el segundo, él dio lo que quiso.

¿De qué manera debemos dar a Cristo Jesús? Temo que muchos, pero muchos, dan como si fuesen libres para dar lo que les parezca, lo que ellos piensan que pueden dar. El creyente a quien el Espíritu Santo ha revelado que fue comprado a precio de Sangre, se deleita en saber que es esclavo redimido por amor, y deposita todo a los pies de su Amo porque le pertenece a Él.

¿Te has puesto a pensar por qué los discípulos aceptaron la gran comisión tan fácilmente y con tanta sinceridad? Recién habían estado en el Calvario, en donde había visto la sangre. Había tenido un encuentro con el Resucitado, y Él había soplado su Espíritu en ellos. Durante cuarenta días, les dio «mandamientos por el Espíritu Santo» (Hch. 1:2). Jesús era para ellos el Salvador, el Maestro, el Amigo y el Señor. Su palabra fue con poder divino, y ellos no podían sino obedecer. Oh, postrémonos a sus pies, y sometámonos al Espíritu Santo, para que Él afirme y revele su poderoso mandato; a fin de que, sin dudarlo y de todo corazón aceptemos la orden como nuestro propósito de vida: llevar el evangelio a toda creatura.

COLÓCATE ENTERAMENTE A SU DISPOSICIÓN

El último mandamiento ha tenido un lugar tan prominente, como una urgencia circunscrita a las Misiones Foráneas, que muchos se inclinan a confinarlo allí. Este es un grave error. Las palabras de nuestro Señor: «Id, y haced discípulos a todas las naciones; enseñándoles que guarden todas las cosas que os he mandado» (Mt. 28:19-20), es lo que debe ser nuestro objetivo: nada menos que hacer de cada ser humano un verdadero discípulo, para vivir en santa obediencia a toda la voluntad de Cristo.

¡Vaya que las iglesias cristianas y las llamadas comunidades cristianas tienen un gran trabajo por hacer antes de poder decir que han cumplido este mandamiento! ¡Y qué necesario es que toda la Iglesia, y que cada creyente, se dé cuenta de que este trabajo es el único objetivo de su existencia! El evangelio debe llevarse a toda creatura, completo, con perseverancia y con una misión salvadora; esta es la encomienda, y esta debe ser la pasión de cada alma redimida. Pues de eso trata tener el Espíritu, la semejanza y la vida del Cristo que ha sido formado en ti.

Si existe algo que la iglesia necesita predicar —en el poder del Espíritu Santo—, es la tarea absoluta e inmediata de cada hijo de Dios de no solo tomar parte en este trabajo —según lo considere conveniente o posible— sino debe darse a Cristo, el Maestro, para ser guiado y usado como a Él le plazca. Por lo tanto, digo a todo aquel de entre mis lectores que haya hecho el voto de total obediencia —¿y nos atrevemos a considerarnos verdaderos cristianos si no lo hacemos?— : colócate de inmediato y completamente a la disposición de Cristo. Tan obligatorio es el primer mandamiento dado a todo el pueblo de Dios («Amarás al Señor tu Dios con todo tu corazón») como es el último también: «Predicad el evangelio a toda creatura». Antes de saber cuál podría ser tu labor, y antes de sentir ningún deseo especial, vocación o aptitud para alguna tarea, si estás dispuesto a aceptar el mandato, colócate a su disposición. Eso es lo que hace el Señor: capacitarte, guiarte y usarte. No temas. Abandona para siempre la religión egoísta, la cual pone en primer lugar tu voluntad y comodidad y da a Cristo lo que le conviene. Demuestra al Maestro que Él puede contar contigo totalmente, y entrégate de inmediato a Él para ser UN VOLUNTARIO A SU SERVICIO.

En los últimos años, Dios ha llenado nuestros corazones de gozo y acciones de gracias por lo que Él ha hecho a través del Student Volunteer Movement (Movimiento de Estudiantes Voluntarios).[5] La bendición traída a la Iglesia cristiana es tan grande como la que ha llegado al mundo pagano. A veces pienso que falta una cosa que aún es necesaria para perfeccionar su trabajo. ¿No es necesario inscribir a voluntarios de entre los hogares de nuestro entorno? Estos ayudarían

---

5] Andrew Murray estuvo muy vinculado con las misiones estudiantiles, e inspiró particularmente al Movimiento de Estudiantes Voluntarios para Misiones Extranjeras (SVM), un movimiento evangélico que inició en 1886, el cual enfatizaba la obediencia radical, la abnegación y la oración fervorosa por el reino de Dios.

a que las congregaciones sintieran que, así como los voluntarios a las misiones extranjeras muestran una intensa y exclusiva devoción a Cristo, asimismo ellos —pues también ellos han sido comprados con Su sangre— deberían estar totalmente comprometidos con la salvación de sus propias comunidades. ¡Cuánta bendición han traído estas simples palabras: «Mi propósito, si Dios lo permite, es convertirme en misionero en el extranjero»! ¡y la han traído a miles de vidas! Esta resolución les ayudó a rendirse y a obedecer el gran mandato, y esto se convirtió en un parteaguas en sus vidas. No obstante, qué bendiciones no traería a muchos que no van al extranjero, o que piensan que no pueden hacerlo (pues no le han preguntado a su Maestro cuál es su voluntad), si ellos tomaran esta simple resolución: ¡*Mediante la gracia de Dios dedico mi vida entera el servicio del reino de Cristo*! El abandono externo del hogar y el viajar al extranjero suelen ser de gran ayuda para quien lo hace, pues implican grandes esfuerzos personales y le permiten dejar atrás todo aquello que podría estorbarle. Mientras que el voluntario local tiene que vivir en su llamado, sin tener que irse de donde vive ni separarse externamente; por tanto, él o ella necesita aún más la ayuda de un voto solemne, ya sea en secreto o en unión con otros. Entonces, el bendito Espíritu puede convertir ese voto en un momento decisivo y en una consagración tal que dirija al creyente a una vida enteramente devota a Dios.

Estudiante de la escuela de obediencia: estudia bien el último y gran mandamiento, acéptalo con todo el corazón, y pon tu vida enteramente a la disposición del Señor.

Y COMIENZA YA A VIVIR EN OBEDIENCIA

En cualquier circunstancia en que te encuentres, es tu privilegio tener al alcance almas que pueden ser ganadas para Dios. Alrededor tuyo existen incontables formas de actividades cristianas que solicitan tu ayuda y te ofrecen la suya. Considérate a ti mismo como redimido por Cristo para su servicio, como uno que ha sido bendecido con su Espíritu para darte la misma disposición que estuvo en Él, y acepta, humildemente, pero con valentía, el llamado de tu vida, para tomar parte en el gran trabajo de recobrar el mundo para Dios. Ya sea que Dios te guie a unirte a alguna de las muchas agencias que ya trabajan, o a emprender un sendero más solitario, recuerda no considerar el trabajo como algo meramente para tu iglesia o para una sociedad o para ti mismo, sino para el Señor. Valóralo cuidadosamente en la conciencia de que *lo haces para el Señor*, de que eres un siervo que está bajo sus órdenes, y que simplemente las cumple; entonces tu trabajo no será aquel —como sucede con frecuencia— que se interpone entre ti y tu comunión con Cristo, sino antes te unirá inseparablemente a Él, tendrás su fuerza y su aprobación.

Es tan fácil estar ensimismado en el trabajo [religioso] que el interés humano hace que se pierda de vista su carácter espiritual: el poder sobrenatural indispensable para su eficacia, la obra de Dios en nosotros y a través de nosotros, y de todo aquello que puede llenarnos de verdadero gozo y paz. Mantén tus ojos en tu Maestro, en tu Rey, en su trono. Antes de dar el mandato y de señalar a sus siervos el trabajo —el gran campo del mundo—, Él atrajo la mirada de ellos hacia sí mismo sentado sobre su trono: «*Toda potestad me es dada en el cielo y en la tierra*». La visión y fe de Cristo sentado en su trono es lo que nos recuerda que necesitamos obedecer, pero también nos asegura la suficiencia de su poder divino. Obedece, no a un mandato, sino al Todopoderoso Señor de Gloria que vive para siempre; la fe en Él te dará fuerza celestial.

Estas palabras preceden al mandato, y entonces las siguientes son: «He aquí yo estoy con vosotros». No es solo Cristo sobre su trono —gloriosa visión— lo que necesitamos, sino a Cristo *con* nosotros, aquí abajo, habitando permanentemente con nosotros, trabajando para nosotros y través de nosotros. El poder de Cristo en el cielo y su presencia en la tierra son las dos promesas que se alzan como pilares a ambos lados de la puerta por la cual la Iglesia entra a conquistar el mundo. Sigamos a nuestro Líder, recibamos de Él sus órdenes para la parte del trabajo que toca a cada uno, y nunca faltemos al voto de obediencia, el cual hace que vivamos plenamente haciendo solo su voluntad y su obra.

Tal comienzo será un tiempo de entrenamiento, preparándonos por completo para conocer y seguir su liderazgo. Si Dios nos llama a ir a los millones de paganos que mueren, estaremos listos para ir. Si su providencia no nos permite ir, nuestra devoción en casa será tan completa e intensa como si hubiésemos ido. Ya sea en su propio país o en el extranjero, si tan solo acuden al llamado los obedientes —aquellos que dedican su vida a obedecer, y que lo obedecen hasta la muerte— Cristo verá cumplido el deseo de su corazón, y su glorioso propósito —llevar el Evangelio a toda creatura— será cumplido.

¡Bendito Hijo de Dios! Aquí estoy. Mediante la gracia de Dios, doy mi vida para llevar a cabo tu último gran mandamiento. Sea mi corazón tu corazón. Sea mi debilidad como tú fortaleza. En tu Nombre hago el voto de entera y eterna obediencia. Amén.

Nota sobre el devocional matutino

Hablemos de la observancia del devocional matutino. «Por observancia del devocional matutino se entiende dedicar comúnmente al menos la primera media hora de cada día para estar a solas con Dios, en estudio bíblico devocional personal y oración.

» Hay cristianos que dicen que no tienen tiempo para dedicar ni siquiera media hora para tales ejercicios espirituales; sin embargo, es sorprendente que son precisamente los cristianos más ocupados los que menos recurren a esta excusa, y son losque, por lo general, dedican tiempo al devocional matutino. Cualquier cristiano quien honesta y persistentemente sigue este plan por un mes o dos de seguro será convencido de que esta es la mejor manera de aprovechar su tiempo, y de que este no interfiere con su trabajo regular; y su práctica es provechosa para la sabia economía del tiempo...

» En la India, en China, en Japón, cientos de estudiantes han acordado observar el devocional matutino....

» La pregunta práctica para cada uno es esta: ¿por qué no deberías observar el devocional matutino? Además de recibir a Cristo como Salvador y de apropiarnos del bautismo en el Espíritu Santo, *no conocemos una resolución que traiga más beneficios para uno mismo y para otros* que la resolución inquebrantable de observar el devocional matutino».

Estas son frases que fueron dichas por John R. Mott. A primera vista, la última frase parece ser muy fuerte. Pero piensa por un momento lo que tal revelación implica. Esta significa la profunda convicción de que la única manera de mantenerte sometido a Cristo y al Espíritu Santo es teniendo un encuentro deliberado y decidido con Él al comienzo de cada día, para así recibir de Dios la gracia para caminar en santa obediencia.

Esto significa que es una locura intentar vivir una vida celestial sin elevarse a una comunión íntima con Dios en el cielo, y recibir de Él mismo el otorgamiento de las bendiciones espirituales.

Significa la confesión de que, en soledad, en comunión personal con Dios y en el deleite de su cercanía es donde podemos probar nuestra respuesta a su amor, y que consideramos esta cercanía nuestro mayor gozo.

Significa que creemos que, si damos suficiente tiempo a Dios para que Él ponga sus manos sobre nosotros y renueve el fluir de su Espíritu, nuestra alma estará tan estrechamente unida a Él que ninguna tribulación u obligaciones podrán separarnos de Él.

Significa el propósito de vivir enteramente y solo para Dios, y mediante el sacrificio de tiempo y comodidad estamos probamos que estamos dispuestos a pagar cualquier precio para asegurar la mayor de todas las bendiciones: la presencia de Dios durante todo el día.

Leamos ahora una vez más esa frase: «Además de recibir a Cristo como Salvador y de apropiarnos del bautismo en el Espíritu Santo, *no conocemos una resolución que traiga más beneficios para uno mismo y para otros* que la resolución inquebrantable de observar el devocional matutino». Si aceptamos a Cristo como Señor y Maestro de todo corazón, si nuestra oración y demanda del Espíritu como guía y control fue sincera, con seguridad no podrá existir ninguna duda respecto a dar a Dios cada día suficiente tiempo —y lo mejor de nuestro tiempo—, a fin de recibir e incrementar en nosotros lo que es indispensable para una vida que dé gloria a Dios y le sirva.

Me dirás que hay cristianos que están satisfechos con diez minutos o un cuarto de hora. Pero es una regla que los cristianos fuertes no son así. Y el Movimiento Estudiantil suplica a Dios, por encima de todo, que se levante una generación de jóvenes, de hombres y mujeres, devotos, y de corazón íntegro. Cristo pidió grandes sacrificios a sus discípulos; y quizá a ti aun no te ha pedido mucho, pero ahora Él te invita a que hagas por Él algunos sacrificios; Él anhela que los hagas y los hace posibles.

Los sacrificios forman a los hombres fuertes. Los sacrificios nos ayudan maravillosamente a desprendernos de las cosas terrenas y del egoísmo, y nos elevan al campo celestial. No trates de reducir el tiempo de tu devocional, limitándolo a menos de media hora. No cabe duda de que es posible encontrar tiempo. Diez minutos del sueño, diez de las compañías o de los pasatiempos, otros diez del dedicado al estudio. ¡Qué fácil es cuando el corazón está dispuesto, anhelando conocer a Dios y su voluntad perfectamente!

Si sientes que no necesitas tanto tiempo, y no sabes cómo esperar, un comienzo sincero te será de ayuda; y quizá Dios, más tarde te haga sentir la necesidad de tener tu devocional matutino. Pero no lo emprendas a menos de que tu corazón esté inquieto con la determinación de hacer un sacrificio y le des a Dios el tiempo suficiente para tener comunión íntima con Él. Pero si ya estás listo para hacerlo, te suplicamos que te unas a nosotros. Tan solo el hecho de apartar tiempo ayuda a despertar el sentimiento: Tengo un gran trabajo que hacer, y necesito tiempo para ello. Esto fortalece en tu corazón la convicción: si quiero mantenerme libre de pecado este día, necesito tiempo para acercarme a Dios. Esto dará un giro a tu estudio de la Biblia, ya que, si das suficiente tiempo a la lectura, y estás en calma y esperas postrado humildemente delante de Dios, el Espíritu Santo trabajará en ti ocultamente, y te dará verdadera comprensión de la voluntad de Dios a través de su Palabra. Y, Dios te ayudará, mediante su gracia, a que inicies el hábito de la intercesión, algo que la Iglesia verdaderamente necesita.

¡Estudiantes! Ustedes no saben si en el futuro su tiempo estará más limitado, sus circunstancias menos favorables o su fervor cristiano se verá debilitado. Ahora es el tiempo aceptable; *hoy*, como lo dice el Espíritu Santo. Escucha la invitación de tus hermanos en todos los países del mundo, y no temas tomar una inquebrantable resolución de invertir al menos media hora cada mañana para estar *a solas con Dios*.

www.ingramcontent.com/pod-product-compliance
Lightning Source LLC
Chambersburg PA
CBHW062142280426
43673CB00072B/128